LE SIÉGE DE SÉBASTOPOL

A LA MÊME LIBRAIRIE :

LES GUERRIERS LES PLUS CÉLÈBRES, depuis Charles
   Martel jusqu'à nos jours. in-12. fig.
HISTOIRE DE JEANNE D'ARC. in-12. fig.
HISTOIRE DE GODEFROI DE BOUILLON. in-12. fig.
HISTOIRE DE DU GUESCLIN. in-12. fig.
HISTOIRE DU GRAND CONDÉ. in-12. fig.
HISTOIRE DE VAUBAN. in-12. fig.
HISTOIRE DU BRAVE CRILLON. in-12. fig.
HISTOIRE DU CHEVALIER BAYARD. in-12. fig.
HISTOIRE DE TURENNE. in-12. fig.
HISTOIRE DE PIERRE D'AUBUSSON. in-12. fig.
HISTOIRE DE JEAN BART. in-12. fig.
HISTOIRE DE CHARLES DE BLOIS. in-12. fig.
HISTOIRE DE NAPOLÉON. in-12. fig.
LES FRANÇAIS A ROME, en 1849-1849. in-18. fig.
LE PRISONNIER DE RUSSIE. in-18. fig.
VIE DU MARÉCHAL DE BOUFFLERS. in-18. fig.
VIE DU GÉNÉRAL DROUOT. in-18. fig.
LES SOLDATS SANCTIFIÉS. in-12. fig.
LA FRANCE CHRÉTIENNE, par M. de Mont Rond. in-12.

—◦◦◖◗◦◦—

PRISE DE SÉBASTOPOL

LE SIÉGE

DE

SÉBASTOPOL

1854 - 1855

PAR L'AUTEUR DE *RÉNÉ.*

Gesta Dei per Francos.
S. GRÉGOIRE DE TOURS.

LILLE

L. LEFORT, IMPRIMEUR-LIBRAIRE

1856

Le siège de Sébastopol est un des plus beaux faits d'armes de notre siècle. Il a réuni toutes les difficultés et tous les périls de la guerre ; il a aussi offert l'admirable spectacle de toutes les vertus militaires et de tous les genres de gloire.

Pendant ce siège mémorable, l'armée française a eu à triompher de tous les obstacles : intempéries des saisons ; difficultés des ravitaillements ; éloignement de neuf cents lieues de la mère-patrie ; rigueurs de l'hiver : chaleurs de l'été ; veilles, fatigues, maladies, et surtout le choléra, ce visiteur meurtrier et impitoyable ; présence continue d'une armée de secours ; sorties incessantes et nocturnes de la part d'une garnison sans cesse fortifiée et renouvelée ; attaques du dehors, dont deux batailles rangées ; artillerie formidable de terre et de mer, des milliers de bouches à feu, vomissant sans interruption la mort et le carnage ; incendies, explosions ; cheminements creusés dans le roc sur un développement de vingt lieues ; fortifications chaque jour entamées et chaque jour réparées ; pertes d'illustres généraux et d'officiers éminents ; sacrifice des plus vaillants guerriers et du plus noble sang du pays.

Voilà ce qui s'opposait au triomphe.

Voici ce qui l'a assuré et ce qui a rendu la victoire aussi pure que glorieuse :

Impétueuse valeur et invincible constance ; inaltérable patience et furie française ; foi la plus vive et intrépidité la plus chevaleresque ; respect pour la discipline et entrain de la gaîté ; sacrifice le plus héroïque de la vie, et clémence la plus généreuse envers l'ennemi vaincu.

Humble devant Dieu, docile à ses chefs, terrible dans la bataille, humain après le combat, tel fut, tel se montra le soldat français, sur cette terre de Crimée, qu'il a marquée d'une célébrité qui efface toutes ses célébrités antiques, et qui place le siège de Sébastopol au premier rang parmi les gloires de la religion et de la patrie.

LE SIÉGE DE SÉBASTOPOL

La guerre d'Orient était décidée. Il fallait mettre
un frein à l'ambition de l'empereur de Russie, qui
menaçait Constantinople, et dont les armées s'é-
taient avancées jusqu'à Silistrie. Cinquante mille
Français avaient été transportés en Orient. Le maréchal de St-Arnaud, ministre de la guerre, en avait
reçu le commandement; vingt-cinq mille Anglais,
sous les ordres du général Raglan, étaient venus
se joindre à l'armée française. Une flotte considé-

rable, composée des vaisseaux des deux nations,
avait pris eau dans la mer Noire ; le vice-amiral
Hamelin commandait la flotte française, l'amiral
Dundas la flotte anglaise. Une partie des troupes
avait été débarquée à Gallipoli, une autre à Varna
en Bulgarie, l'un des meilleurs ports de la mer
Noire. Là, les alliés trouvèrent Omer-Pacha à la
tête de soixante mille Turcs, répartis dans la Bulgarie et la Roumélie.

Les Russes arrêtés devant Silistrie, où ils avaient
perdu quinze mille hommes pendant un siége de
trente-neuf jours, levèrent le camp le 28 juin 1854
et quittèrent précipitamment la rive gauche du Danube, voulant éviter une bataille, qui paraissait
imminente. Pendant qu'ils s'éloignaient, un autre
ennemi plus terrible venait décimer l'armée et
mettre à l'épreuve son courage. Le choléra s'abattit
en même temps à Varna et à Gallipoli, où il fit en
quelques jours un grand nombre de victimes. Les
médecins, les infirmiers tombèrent en prodiguant
leurs soins aux malades. Deux généraux, le duc
d'Elchingen et Carbuccia, moururent à trois jours
de distance.

« Le premier des deux généraux moissonné par
le choléra, dit le P. Gloriot aumônier de l'armée,

et qu'on aime à laisser le narrateur de ces scènes
émouvantes, qui devaient servir de prélude aux
grandes choses que la guerre d'Orient devait pro-
duire, fut le duc d'Elchingen, fils du maréchal
Ney; c'était un homme aussi distingué par l'élévation de son esprit que par la politesse exquise de ses
manières. Le dimanche, il avait présidé à la messe
militaire. Deux jours après son aide de camp ac-
courait auprès de moi, en me disant : « Vite, M.
l'abbé, auprès du général; il vous demande, il est
au plus mal. »

» Au moment où je me rendais près de lui, le
général me tendit la main en me disant en présence de son état-major : « M. l'aumônier, je tiens
à ce qu'on sache que c'est moi qui vous ai fait appeler; je veux mourir en bon chrétien. » Et il se
confessa.

» Après avoir reçu l'absolution, il croisa ses
mains sur sa poitrine, offrit à Dieu le sacrifice de
sa vie, et lui adressa la prière la plus touchante
pour sa femme et pour ses enfants. Vers trois heures
de l'après-midi, je le trouvai assez mal pour lui
administrer l'Extrême-onction; à huit heures, je
pénétrai une dernière fois dans sa chambre; elle
était remplie de tout ce que l'armée possède de plus

distingué. Le général entrait en agonie ; je me mis
à genoux pour réciter les prières des mourants ; ses
deux aides de camp étaient à mes côtés, tenant des
flambeaux allumés ; au moment où je terminais, ce
brave guerrier rendait son âme à Dieu, au milieu
des sanglots des assistants.

» Le général Carbuccia avait conduit le deuil
aux obsèques du duc d'Elchingen, et trois jours
après il le suivait au tombeau. La veille de sa mort
je l'avais rencontré au moment où je me rendais à
l'hôpital ; quelques heures après, il me faisait appeler. Il était Corse et avait la foi ardente des ha-
bitants de cette île ; il accomplit ses devoirs avec la
plus tendre ferveur.

» Toutes les fois que j'entrais dans nos hôpitaux, ajoute le P. Gloriot, dont aucun autre récit
ne peut mieux peindre la situation de l'armée à
cette heure si solennelle et si terrible, je m'entendais appeler de toutes parts : « M. l'aumônier,
venez à moi, hâtez-vous de me réconcilier avec
Dieu ; car je n'ai plus que quelques moments à
vivre. » D'autres me serraient affectueusement la
main et me disaient : « Que nous sommes heureux
de vous avoir au milieu de nous ; si vous n'étiez pas
là, qui nous consolerait dans nos derniers mo-

ments ? » Quelquefois j'entendais des confessions
en me rendant d'un hôpital à l'autre ; d'autres fois
je rencontrais des officiers et des soldats m'atten-
dant sur les escaliers intérieurs de l'hôpital. Je
m'appuyais sur les mêmes escaliers ; ils se mettaient
à genoux à mes côtés et recevaient le pardon de
leurs fautes. Quand ils m'apercevaient dans les
rues, ils descendaient de cheval, me remerciaient
affectueusement, et ajoutaient presque toujours :
« Surtout, si je suis atteint, ne manquez pas de
vous rendre au premier appel. » Tous les soirs
nous avions une cérémonie religieuse pour l'enterrement des officiers. Un jour que nous avions
sous les yeux sept ou huit bières et autour de moi
l'état-major de tous les régiments, je demandai la
permission d'adresser quelques paroles ; je parlai
debout sur une tombe ; jamais je n'avais contemplé
de spectacle plus émouvant ; je voyais de grosses
larmes couler de tous les yeux, et je n'entendais
autour de moi que des sanglots. »

A Varna, le fléau sévissait avec non moins d'in-
tensité ; la première division de l'armée française
dut suspendre sa marche dans la Dobrustka, par
suite des pertes immenses que le choléra et le
typhus lui firent éprouver en quelques jours, et

rentrer au camp de Varna pour se refaire. La patience et la résignation, vertus plus difficiles aux Français que la bravoure, ne firent pas défaut dans ces heures d'épouvante et de deuil.

« Au milieu des pénibles épreuves, dit le maréchal de St-Arnaud dans son ordre du jour du 8 août, que nous venons de traverser, j'ai puisé des consolations dans les actes de dévouement que le péril commun a fait naître et dans la vigueur morale qu'ont montrée, pendant la durée de l'épidémie, ceux qui commandent et ceux qui obéissent dans l'armée. La première division, surprise pendant ses marches par l'invasion du fléau, s'est trouvée dans la situation la plus douloureuse ; mais l'ordre, l'espérance et le calme n'ont pas cessé d'y régner comme dans les meilleurs jours. Je loue comme ils le méritent, et je remercie avec effusion les officiers et les soldats qui viennent de s'honorer ainsi aux yeux de l'armée en combattant, avec une énergie que rien n'a pu vaincre, les difficultés d'une situation qui aurait pu étonner des courages moins éprouvés. »

Cependant l'attention des généraux en chef était portée vers la Crimée. On comprenait que les Russes, s'effaçant devant nous, cherchaient à nous attirer dans l'intérieur des terres, où nous aurions à vaincre des obstacles de toute nature. Sébastopol était le boulevard de la puissance russe sur l'Euxin; et avec la facilité des communications par mer et le concours des flottes, on pouvait espérer de frapper en peu de temps un grand coup. Nos marins avaient fait des reconnaissances et avaient pu s'assurer de la disposition des lieux; ils s'étaient assez approchés de la rade pour juger des moyens de défense et constater l'état des principales forteresses destinées à protéger le port. Les renseignements qu'ils rapportèrent parurent suffire pour déterminer le plan d'attaque.

Un sinistre nouveau, l'incendie d'une partie de la ville de Varna, apporta de nouveaux retards à l'expédition. Cet incendie, dont les conséquences auraient pu être irréparables, fut heureusement circonscrit après neuf heures de lutte et un dévouement sans égal. Trois magasins à poudre, comprenant les approvisionnements des deux armées, furent préservés par l'intrépidité et l'héroïque constance de nos troupes. Tous les officiers, le maréchal de St-Arnaud à leur tête, déployèrent un sang-froid et une énergie calme, qui détourna d'épouvantables désastres. Le feu ravagea un espace de près de trois cent cinquante mètres de long sur deux cent de large, et occasionna pour sept à huit millions de dégât.

Quelques semaines après cette catastrophe, tout était prêt pour mettre à exécution le plan de campagne arrêté entre les généraux en chef et les amiraux commandant les flottes. « L'heure est venue de combattre et de vaincre, disait le maréchal de St-Arnaud dans sa proclamation ; l'ennemi ne nous a pas attendu sur le Danube. Ses colonnes démoralisées, détruites par la maladie, s'éloignent péniblement. C'est la Providence peut-être qui a voulu nous épargner l'épreuve de ces contrées malsaines, et c'est elle aussi qui nous appelle en Crimée, pays salubre comme le nôtre, et à Sébastopol, siége de la puissance russe, dans ces murs où nous allons chercher ensemble le gage de la paix et de notre retour dans nos foyers. L'entreprise est grande, et digne de vous. Vous la réaliserez à l'aide du plus formidable appareil militaire et maritime qui se vit jamais. Les flottes alliées avec leurs trois mille canons et leurs vingt-cinq mille matelots, vos émules et vos compagnons d'armes, porteront sur la terre de Crimée une armée anglaise, dont vos pères ont appris à respecter la haute valeur, une division choisie de ces soldats ottomans, qui viennent de faire leurs preuves sous vos yeux, et une armée française que j'ai le droit d'appeler l'élite de notre armée tout entière. »

I

Débarquement en Crimée. — Bataille de l'Alma. — Arrivée à
Balaklava. — Mort du maréchal de Saint-Arnaud.

Le 5 septembre 1854, les deux escadres françaises partaient de Baltschik et ralliaient le 8 les
escadres anglaise et turque à l'Ile des Serpents,
aux embouchures du Danube. Cinquante mille
Français, vingt-cinq mille Anglais, vingt mille
Turcs, formaient le corps des troupes expédition-
naires ; vingt-cinq mille matelots montaient cette
flotte formidable qui comprenait près de six cents
navires de guerre et de transport, à voiles ou à
vapeur, chargés de troupes, de vivres, de munitions et d'un immense matériel de siége.

La traversée se fit avec le plus grand ordre et
sans accident, malgré une violente bourrasque qui
s'éleva dans la nuit du 12 au 13. Le lieu de débarquement avait été choisi sur une vaste plage

située entre Eupatoria et le Vieux-Fort, citadelle bâtie naguères par les Génois. Les Russes ne s'attendaient pas à une entreprise aussi hardie; aucune résistance n'avait été préparée sur ce point; et le 14, le maréchal de St-Arnaud prit terre sur cette côte de Crimée si célèbre dans l'antiquité sous le nom de Chersonèse Taurique, témoin depuis des siècles de tant de luttes et de combats, et qui est appelée à servir encore de champ-clos, où les plus grandes puissances du monde vont se livrer de sanglantes batailles.

Le 19 septembre, l'armée alliée se mit en marche vers Sébastopol; le général Canrobert commandait l'avant-garde. Au-delà de la rivière de l'Alma, le sol devenait montueux, et sur ces hauteurs on découvrit les Russes. Le prince Menschikoff occupait la ligne des montagnes de la rive gauche, à la tête de quarante-cinq mille hommes d'infanterie et de six mille chevaux avec cent pièces de canon. Le 20, à six heures du matin, l'attaque commence. La division du général Bosquet se met en mouvement; les zouaves et les chasseurs se lancent au pas de course; la rivière est franchie, les soldats escaladent ces monts escarpés, s'accrochant à tout, grimpant comme des chèvres

sous le feu de l'artillerie ; après vingt minutes d'efforts, ils surgissent sur la crète, couronnent les
hauteurs, et avant que le général russe ait pu en
croire ses yeux, dix mille hommes débordent sur
sa gauche et le prennent en flanc.

La lutte devint alors terrible. Le général Canrobert fut blessé à la poitrine d'un éclat d'obus, et il
attribua sa conservation à une médaille de la sainte
Vierge qu'il portait. Près du général se tenait le
P. Parabère, aumônier en chef de l'armée d'O-
rient ; son cheval est tué sous lui : « M. l'aumônier, lui dit le général, voilà un accident sans
remède, au revoir ! » Une pièce d'artillerie vient
à passer ; le P. Parabère s'y place à califourchon
et gravit ainsi les flancs de la montagne, prodiguant les soins de son ministère aux mourants et
aux blessés qui l'entourent. Ce fut le sergent-major
Fleury du 1er bataillon de zouaves qui planta le
premier le drapeau français au plus haut point de
la falaise ; aussitôt trois balles l'atteignent et il
tombe ; mais son exemple électrise ses dignes compagnons, et tous les efforts des Russes ne peuvent
déloger les Français.

Le reste de l'armée s'ébranle ; les Anglais, re-
tardés dans leurs dispositions, n'arrivent qu'à dix

heures et demie ; mais par leur sang-froid et leur intrépidité ils réparent ce retard. A midi et demi, l'Alma est traversée au pas de charge, et sous un feu terrible. Le combat est engagé sur toute la ligne ; une batterie d'artillerie française dégage les Anglais qui ont en tête des masses compactes d'ennemis, et bientôt toutes les positions sont enlevées à la baïonnette ; les Russes lâchent pied et se débandent, jetant leurs fusils et leurs sacs ; des escadrons de cavalerie eussent achevé la déroute ; mais elle manquait dans l'armée alliée, et on ne put songer à la poursuite des fuyards. Les alliés eurent environ quatre mille hommes hors de combat. La perte des Russes s'éleva de dix à douze mille hommes.

Le maréchal de St-Arnaud se montra le digne chef d'aussi vaillantes troupes. Le jour de la bataille, une fièvre intense le dévorait, et néanmoins il monta à cheval et y resta treize heures, sans qu'on pût le décider à prendre un instant de repos. Il parcourut à plusieurs reprises toute la ligne qui avait près de deux lieues d'étendue, ne cessant jamais de donner ses ordres et cachant à tous, au prix d'incroyables efforts, sa lutte contre la maladie. Quand la douleur devenait trop vive, quand

ses forces épuisées menaçaient de le trahir, il se
faisait soutenir à cheval par deux cavaliers. Une
boite de mitraille éclata à ses côtés sans le faire
sourciller; et le soir, ayant établi sa tente sur
l'emplacement même de celle qu'occupait le prince
Menschikoff, il rédigea son rapport si remarquable
où il fait l'éloge de tous et surtout des généraux
Canrobert et Bosquet, en s'oubliant lui-même;
puis, il s'écria : « A présent, je puis mourir! »

A cette bataille de l'Alma, les zouaves furent
proclamés les premiers soldats du monde, et les
Russes eux-mêmes dirent qu'ils n'avaient pas eu
affaire à des hommes, mais à des lions.

Après un jour de repos et les soins donnés aux
blessés et à la sépulture des morts, l'armée reprit
son mouvement le 23, s'avança le long de la côte
jusqu'à la rivière de la Katcha, qu'elle traversa à
un endroit guéable, et vint camper sur un plateau
d'où on pouvait apercevoir dans le lointain la ville
de Sébastopol. Cette vue excita la joie de tous;
il semblait qu'on était arrivé au terme des fatigues,
et que Sébastopol enlevé de vive force allait offrir
un gage de sécurité et un point d'appui invulné-
rable par les renforts et les ravitaillements que le
concours de la flotte aurait rendus faciles.

Une de ces résolutions soudaines, familières aux Russes, vint renverser ses espérances prématurées et forcer à changer le plan d'attaque. Afin de barricader le port, les Russes avaient coulé à l'entrée cinq vaisseaux et deux frégates, dont on apercevait les grands mâts au-dessus de l'eau, et ils avaient amarré, à l'intérieur des estacades, huit vaisseaux pour se mettre à couvert du côté de la mer. La flotte russe se trouvait ainsi renfermée dans la rade, pouvant se protéger contre les attaques des alliés et aider puissamment à la défense. Cette flotte, ainsi abritée, se composait de cinq vaisseaux de 120 canons, de douze de 84, de corvettes, de bricks et de bâtiments à vapeur. Il fallut dès lors renoncer à se rendre d'abord maître des forteresses élevées dans la partie nord, et se déterminer à diriger tous les efforts vers la ville proprement dite.

Avant tout, il était important de s'assurer un lieu sûr de débarquement, et les généraux en chef, de concert avec l'amiral Hamelin, choisirent Balaklava comme base des opérations de terre et de mer. Balaklava, bâtie, au fond d'une crique étroite, par les Génois qui lui donnèrent le nom de *Bella Chiave*, présente un port assez profond pour les gros vaisseaux; il offre un abri commode contre les vents, qui soulèvent si souvent des tempêtes dans l'Euxin, et quoique son entrée n'ait pas plus de trente mètres de largeur, l'expérience a prouvé qu'il était favorable à toutes les exigences de débarquement. L'armée ne put atteindre Balaklava qu'après une marche pénible, qui coûta la vie au colonel Tarbouriech du 3me zouaves, officier jeune encore et qui s'était distingué par sa bravoure et son mérite en Algérie et au siége de Rome.

Le maréchal de St-Arnaud, malgré les instances des médecins, avait franchi avec ses troupes la Katcha, le Belbeck, et avait parcouru les plateaux boisés qu'arrose la Tchernaïa. Là il fut arrêté par une attaque de choléra. Aussitôt il comprit son devoir et sut l'accomplir jusqu'à la fin; il écrivit au ministre de la guerre pour lui annoncer la remise du commandement entre les mains du général Canrobert, et adressa le 26 septembre à l'armée l'ordre du jour suivant :

« Soldats,

» La Providence refuse à votre chef la satis-
» faction de continuer à vous conduire dans la voie

» glorieuse qui s'ouvre devant vous. Vaincu par
» une cruelle maladie, contre laquelle il a lutté
» vainement, il envisage avec une profonde dou-
» leur, mais il saura remplir l'impérieux devoir
» que les circonstances lui imposent, celui de ré-
» signer.le commandement dont une santé à jamais
» détruite ne lui permet plus de supporter le poids.
» Soldats, vous me plaindrez, car le malheur est
» immense, irréparable et peut-être sans exemple.
» Je remets le commandement au général de divi-
» sion Canrobert, que dans sa prévoyante sollici-
» tude pour cette armée et pour les grands intérêts
» qu'elle représente, l'Empereur a investi des pou-
» voirs nécessaires par une lettre close que j'ai sous
» les yeux. C'est un adoucissement à ma douleur
» que d'avoir à déposer en de si dignes mains le
» drapeau que la France m'avait confié. Vous en-
» tourerez de vos respects, de votre confiance cet
» officier général, auquel une brillante carrière
» militaire et l'éclat des services rendus ont valu la
» notoriété la plus honorable dans le pays et dans
» l'armée. Il continuera la victoire d'Alma et aura
» le bonheur que j'avais rêvé pour moi-même et
» que je lui envie, de vous conduire à Sébasto-
» pol. »

2

Le 27 et le 28, l'état du maréchal ne présenta aucune amélioration ; le 29 il fut transporté mourant à bord du *Berthollet*; il avait voulu dès la veille remplir ses devoirs religieux ; il s'était confessé et avait reçu l'extrême-onction de la main du premier aumônier ; puis il remit son sort entre les mains de Dieu. Il ne voulut pas priver l'armée de la présence du P. Parabère, qu'il aurait aimé de voir à son chevet, et il s'en sépara avec la persuasion que bientôt il allait quitter cette vie, dont les derniers jours avaient été illustrés par un aussi beau triomphe.

Pendant la traversée, le malade reprit un peu de force ; il adressa quelques paroles, avec une parfaite présence d'esprit, à son gendre le capitaine de Puységur et à ses officiers. Puis il fit un mouvement et il expira.

Le maréchal Leroy de St-Arnaud était né en 1796. Il commença à se distinguer en 1836, dans les campagnes d'Algérie, où il combattit avec gloire. Il parvint rapidement aux grades les plus élevés et fut nommé ministre de la guerre en 1851. Chargé du commandement en chef de l'armée d'Orient, il se montra à la hauteur d'une aussi grande mission et développa, dans un court espace

de temps, une élévation et une énergie de caractère, qui font le plus grand honneur à sa mémoire.

« Le maréchal de St-Arnaud avait une de ces na-
tures sincères et franches qui ne fuient pas la vérité
lorsqu'elles la voient et qui ne craignent pas de la
suivre. Sa santé était fortement ébranlée quelques
années avant sa mort, et il était allé chercher aux
îles d'Hyères du repos et la guérison. Pendant son
séjour, il fit demander chez lui le curé de la pa-
roisse, et sans chercher de circonlocutions devant
toutes les personnes présentes, il lui dit tout sim-
plement qu'il voulait se confesser. Le digne prêtre,
surpris et ému, tombe à genoux et rend graces à
Dieu qui daigne aussi parler au cœur des puissants
du monde. Le maréchal, trop malade encore pour
quitter sa chambre, fit ses pâques chez lui, sans
mystère, en présence de ses officiers, de toute sa
maison, faisant venir jusqu'au soldat qui était de
planton à sa porte. Tel il avait été dans cette première occasion, tel il continua d'être. Guéri contre
toute atteinte, rendu aux affaires, il ne négligea
plus ses devoirs de chrétien. Lorsque l'expédition
d'Orient fut décidée et que l'empereur lui en eut
donné le commandement, sa première pensée fut
pour l'âme de ses soldats. On ne lira pas sans émo-

iion la lettre suivante, écrite par lui à un illustre religieux [1], son ami, qui avait cru devoir lui adresser quelques recommandations à ce sujet. »

« Mon révérend Père,

» Comment avez-vous pu penser un instant que
» je négligerais d'entourer les braves soldats de
» l'armée d'Orient de tous les secours et de toutes
» les consolations de la religion. L'aumônerie de
» l'armée est formée : je me suis entendu avec le
» digne abbé Coquereau, qui a mis sur un pied si
» respectable l'aumônerie de la flotte. Il y a un
» aumônier par division, par hôpital et deux au—
» môniers en chef au quartier-général.

» Je suis débordé par la besogne, et je soigne
» ma santé pour pouvoir faire vigoureusement la
» guerre aux Russes. J'aurai bien besoin de vos
» prières, mon père ; sans l'aide de Dieu on ne fait
» rien, et je mets ma confiance dans sa miséricorde
» et dans la protection qu'il accorde à la France.
» Je compte avant mon départ remplir mes devoirs
» de chrétien. »

Cette lettre est datée de Paris, 6 mars 1854. Ces

[1] Le P. Gloriot, mort glorieusement à l'armée de Crimée dans l'exercice de son zèle et de sa charité.

beaux sentiments éclatent avec la même force dans une lettre écrite de Marseille, le 25 avril :

« J'arrive de Toulon, où j'ai vu avec bien du
» plaisir le respectable curé d'Hyères. Nous avons
» longtemps et sérieusement causé. Il m'a aussi
» promis ses prières. Vous êtes assez bon pour me
» promettre les vôtres. Tous ces vœux ne peuvent
» manquer d'être agréables à Dieu, que je prie
» moi-même avec tant de foi et de ferveur. Je pars
» avec une confiance entière. Il est impossible que
» Dieu ne protège pas la France dans une circons-
» tance aussi grave, aussi solennelle.

» Je suis convaincu que tout le monde fera son
» devoir, plus même que son devoir, et nous com-
» battons pour une cause juste.

» Espérons donc, mon révérend père, et don-
nez-moi votre bénédiction. »

Du quartier-général d'Old-Fort (Crimée), une dernière lettre, datée du 18 septembre, révèle admirablement l'homme de guerre et le chrétien, dans sa simplicité et sa grandeur :

« J'ai reçu ce matin votre bonne lettre du
» 20 août, et je ne perds pas un instant pour vous

» remercier de vos vœux chrétiens et de vos prières.
» Elles ont été écoutées du Très-Haut...

» Je presse les opérations autant que possible,
» car ma santé est bien mauvaise, et je prie Dieu
» de me donner des forces jusqu'au bout. Adieu,
» mon révérend père, priez pour nous, et croyez à
» mes sentiments de respectueuse affection. »

La dépouille mortelle du maréchal de Saint-Arnaud fut ramenée en France. Le prêtre et le médecin qui ensevelirent son corps trouvèrent sur sa poitrine un scapulaire et une médaille de la sainte Vierge. Les plus grands honneurs lui furent rendus à Constantinople et à Paris, où il fut inhumé le 16 octobre, dans l'église des Invalides.

II

Le général Canrobert commandant en chef.
Siége de Sébastopol. — Position de l'armée alliée. — La
tranchée est ouverte. — Premier bombardement.

L'armée avait perdu son chef, mais non sa confiance. Le général Canrobert, appelé à en prendre
le commandement, avait fait ses preuves et possé-
dait l'affection du soldat. Né en 1809, et l'un des
plus jeunes officiers-généraux, il avait conquis ses
grades en Afrique, où il s'était distingué par son
sang-froid, sa constance et sa valeur.

Les troupes alliées ayant fait leur jonction, et
deux mille marins, avec trente bouches à feu de
l'escadre, ayant pris terre, on se dirigea vers Sébastopol, cette puissante forteresse, la fière domi-
natrice de la mer Noire et la clef de toute la Crimée.
On annonçait que la ville ne présentait guères de
défense, du côté de la terre, et l'on avançait vers

ses murs, pensant qu'ils ne pourraient résister au
choc d'une armée, dont l'impétueuse valeur était
encore surexcitée par une éclatante victoire. Le
bruit même se répandit bientôt de Constantinople à
Vienne, à Paris et à Londres, que Sébastopol était
tombée au pouvoir des alliés, et que le prince Menschikoff s'était rendu à discrétion.

On ne tarda pas à être détrompé et à être convaincu qu'il s'agissait de faire un siége en règle. Le
mur d'enceinte de la ville, de trois pieds d'épais-
seur, était défendu par des bastions et des redoutes;
ce mur était crénelé et garni d'épaulements en
terre qui couvraient presque toute la maçonnerie;
en avant, un large fossé avait été creusé, et les
Russes, qui s'entendent étonnamment à improviser
des terrassements, avaient multiplié les chemins
couverts palissadés, les demi-lunes, les flèches,
les lunettes et tous les ouvrages de défense. Le bastion Central, le bastion du Mât, le bastion du
Redan, la tour Malakoff, et la redoute dite le
Mamelon-Vert, présentaient une ligne de défense
formidable : huit cents bouches à feu tant sur les
remparts que sur les navires et dans les forteresses
du nord étaient prêtes à vomir la mort dans les
rangs des assaillants soit du côté de la terre, soit

du côté de la mer. La garnison, déjà considérable, se trouvait renforcée par dix mille marins et par les artilleurs de la flotte, que la détermination suprême du barrage du port par les vaisseaux coulés bas mettait à la disposition de la défense. De plus, une armée ennemie s'établissait près de la rivière de Belbeck, et exigeait la formation d'un corps d'observation.

Le 3 octobre 1854 au soir, le siége de Sébastopol commença; pour établir le blocus de la ville, il eût fallu des forces plus considérables, et cent cinquante mille hommes y eussent à peine suffi, à cause du développement de la rade. On dut donc songer à commencer les opérations du siége selon toutes les règles de la stratégie, et sans que l'on pût en calculer à l'avance la durée.

Les Anglais prirent position à la droite, s'appuyant sur la rivière de la Tchernaïa, qui se jette dans la rade de Sébastopol, et sur les escarpements d'Inkermann; les Français s'établirent à la gauche et se développèrent de la baie de Kamiesch ou des Roseaux, jusqu'au ravin qui la séparait de l'armée Anglaise.

Le 4, la troisième division, commandée par le général d'Aurelle, approcha de la place et vint re-

lier nos attaques à la gauche des attaques anglaises.
En arrière du centre de cette division était placé le
grand parc du génie; derrière la droite, le grand
parc d'artillerie. Le grand quartier général fut
porté derrière ces deux parcs, de manière à pouvoir communiquer facilement avec le corps de siége
et le corps d'observation. Ce corps, commandé
par le général Bosquet, occupait les hauteurs qui
dominent les vallées de la Tchernaïa et de Balaklava.

Dans les premières journées, il y eut de la part
des Russes quelques sorties sans importance; mais
le feu qu'ils ouvrirent avait une telle vigueur
qu'on sentit la nécessité de riposter au plus tôt.

« Voici douze grands jours, écrivait gaiement
» un jeune officier français, que nous regardons
» Sébastopol sous toutes les faces sans lui avoir
» tiré un coup de canon, tandis que cette bonne
» ville, objet de notre convoitise, se divertit chaque
» jour par un nouvel exercice sur notre tête. Tan-
» tôt c'est le canon à longue portée dont les coups
» viennent nous atteindre à la distance fabuleuse
» de près de quatre kilomètres; tantôt ce sont des
» obus simples incendiaires, ou des obus à balles
» dont les éclats sont si meurtriers. Depuis ce matin

» ce sont des bombes de la plus forte espèce, dont
» ils varient leurs envois, soit au loin vers nos
» camps, soit plus près de nos travailleurs. Malgré.
» ces mille messagers de mort, qui traversent l'es-
» pace et qui obscurcissent le soleil, chacun tra-
» vaille sans inquiétude et sans souci.

» Le 10 au soir, le vent avait complètement
» tourné au nord, et il faisait un froid à craindre
» la neige ; c'est ce soir-là que nous avons ouvert
» notre première tranchée, dans laquelle se trou-
» vent les premières batteries. Grace au vent, la
» place n'entendit pas le bruit de nos pioches ;
» grace au froid, nos pioches travaillèrent dur ; et
» au jour la tranchée était terminée, au grand éba-
» hissement des Russes. »

Les travaux étaient d'une exécution d'autant plus
difficile que le sol, d'une nature rocheuse, offrait
de sérieux obstacles à la sape et à la construction
des batteries.

A force d'énergie, d'intrépidité et de persévé-
rance, la tranchée fut ouverte sur un développement d'environ seize cents mètres. Les Anglais,
quoique moins aguerris aux fatigues et aux privations, et dont l'organisation militaire laissait beaucoup à désirer, étaient arrivés à peu près au même

résultat. Le 16 octobre, les batteries étant en état
d'ouvrir le feu, lord Raglan, général en chef de
l'armée anglaise, et le général Canrobert inspec-
tèrent les lignes et ordonnèrent le bombardement
pour le lendemain matin.

Cent vingt-six pièces d'artillerie, cinquante-trois
du côté des Français, soixante-treize du côté des
Anglais, commencèrent le feu ; les Russes ripos-
tèrent vivement, et pendant trois heures la lutte
prit les plus vastes proportions, lorsque l'explosion
d'un magasin à poudre et d'une caisse à gargousses,
à un endroit où les batteries françaises étaient accumulées, força à ralentir le feu et détermina le
général en chef à le faire suspendre. Les Anglais le
continuèrent jusqu'au soir sans résultat décisif.

De leur côté, les escadres alliées vinrent prendre
part au combat. Les vaisseaux français devaient
battre le fort de la Quarantaine, le fort Alexandre
et le fort Nicolas ; on évaluait à trois cent cinquante
canons l'armement de ces forteresses. Les Anglais
étaient embossés devant le fort Constantin, la batterie Wasp et celle du Télégraphe, armés de deux
cents bouches à feu. A une heure des bordées formidables furent lancées des deux flottes, et la réponse ne se fit pas attendre de la part des ennemis.

Le feu dura jusqu'à la nuit avec une extrême violence ; plus de cent mille projectiles furent échan-
gés dans cette demi-journée. Le vaisseau anglais
l'*Albion*, criblé de boulets, ne dut son salut qu'au
dévouement de l'équipage du *Spiteful*.

Le vaisseau amiral *la Ville de Paris*, monté par
le vice-amiral Hamelin reçut plus de cent cinquante
boulets. Une bombe éclatant dans la chambre du
capitaine fit sauter le pont de la dunette. L'amiral
qui se trouvait avec son jeune fils, enseigne de
vaisseau, sur son banc de quart, fut soulevé par
l'explosion ; son officier d'ordonnance, Sommer-
ville, fut coupé en deux et jeté à la mer ; ses deux
aides de camp blessés. Le *Montebello* eut aussi beaucoup à souffrir ; un enseigne eut les deux jambes
brisées, et un aspirant de marine, de la Bourdon-
naye, eut la tête emportée. C'était un jeune homme
de la plus belle espérance ; aussi pieux que brave,
il avait eu, comme Turenne, le bonheur de com-
munier le matin même du jour de sa mort.

On devait voir se reproduire dans cette terre de
Crimée les plus admirables dévouements et les plus
héroïques paroles de notre histoire. Un autre aspirant de la marine, Michel, a une jambe emportée
par un boulet. « Bah ! s'écrie-t-il à ceux qui vien-

nent le relever, ce n'est rien. Vive la France! »

Ce bombardement coûta aux alliés environ quatre
cents hommes. Les Russes firent des pertes beaucoup plus considérales; la plus sensible pour eux
fut la mort de l'amiral Korniloff, qui fut tué au
moment où il transmettait à un aide de camp un
ordre qu'il venait d'écrire.

De cette première lutte on put conclure que le
siége de Sébastopol serait long et meurtrier, que la
ville et les forts étaient approvisionnés de toute
espèce de moyens de défense et de munitions; que
l'impossibilité de l'investissement de la place en
rendait le ravitaillement facile, et que le concours
des flottes pour l'attaque se trouvait paralysé par le
barrage du port, dont on ne pouvait songer à forcer
l'entrée par une manœuvre hardie ou par surprise.

III

Les travaux avancent. — Coup de main de
deux cents volontaires russes. — Attaque du général Liprandi.
Bataille d'Inkermann.

Les renforts arrivaient au camp des alliés; trois
brigades, sous les ordres des généraux de la Motte-
Rouge, Couston et Basaine, vinrent se joindre à
l'armée assiégeante; les batteries endommagées
furent remises en état; on en construisit une nouvelle sur un plateau situé en face du bastion du
Mât.

Pendant ce temps, l'artillerie des Russes ne cessait de tonner; et son tir, d'abord mal dirigé, com-
mençait à être mieux réglé et à inquiéter les travailleurs, en s'introduisant jusque dans les embrasures de nos ouvrages. Afin d'y mettre ordre, les
zouaves et les chasseurs de Vincennes organisèrent
deux compagnies de francs tireurs, qui, avec une

adresse et une intrépidité extraordinaires, diri-
geaient leurs coups sur les artilleurs à leurs pièces.
Postés dans des trous creusés en avant des tranchées, ils se tenaient en embuscade avec une constance infatigable, pendant des journées entières,
épiant et saisissant le moment de frapper l'ennemi.

Les travaux avançaient malgré les obstacles, et
dans la nuit du 19 au 20 la première parallèle fut
terminée. Une sortie eut lieu dans la nuit du 20 au
21. Deux cents volontaires russes se glissèrent, à
la faveur des ténèbres, jusqu'à la batterie de marine
située à l'extrême gauche, et commencèrent à en-
clouer quelques canons. L'alarme fut bientôt donnée. Le prince Poutiatine fut tué sur une des pièces
qu'il avait enclouée, et le lieutenant Troisky, qui
commandait ce coup de main, mourut des suites
de ses blessures.

Le 25 octobre, le général russe Liprandi, à la
tête de vingt mille hommes, et suivi de quarante
pièces de canon, vint attaquer à l'improviste
quatre redoutes qui n'étaient gardées que par un
millier de musulmans, du contingent de Tunis.
Ceux-ci, saisis de terreur, prennent la fuite; la
cavalerie anglaise, sous les ordres des généraux

Campbell, Lucan et Cardigan, accourt en toute hâte : le brigadier Scarlett, avec ses écossais, se jette à travers les escadrons russes, et traverse deux fois les masses de cosaques et de dragons, qui plient devant cette impétueuse attaque et tournent bride.

Le général Raglan, voyant le mouvement de l'ennemi, envoie l'ordre à la cavalerie légère de s'élancer sur les Russes, et d'ouvrir la voie à la division du général Cathcart pour venir reprendre les canons dont ils s'étaient emparés ; mais ceux-ci avaient eu le temps de se renforcer par une nombreuse infanterie, et de se protéger par une batterie de seize pièces.

L'ordre est apporté à lord Lucan de faire avancer la brigade de la cavalerie de la garde. « Avancer, jusqu'où ? demande le général. — Mylord, voilà l'ennemi, voilà les canons qui le protègent ; c'est à vous de les enlever et de frayer un chemin à l'armée. » Le général transmet cet ordre au brigadier Cardigan, qui, sans hésiter, range sa troupe sur deux lignes et la lance sur les batteries russes, essuie les décharges qui déciment sa brigade, et arrive jusqu'aux pièces dont les artilleurs sont à l'instant même sabrés ; mais on ne peut se mainte-

nir au milieu d'une armée ennemie ; il faut battre
en retraite , supporter la charge d'un régiment de
lanciers , essuyer les feux de l'infanterie et de l'artillerie qui font d'horribles ravages. De six cents
hommes dont se composait ce corps d'élite , cent
cinquante seulement rentrèrent dans les lignes anglaises ; beau fait d'armes , mais coûtant trop cher
et sans résultat.

Voulant profiter de l'impression produite par
l'annonce de ce combat , qu'il présente comme une
victoire, Menschikoff , après avoir fait promener
dans Sébastopol les canons abandonnés par les
Turcs , fit le lendemain une sortie à la tête de sept
mille hommes , et attaqua la division anglaise placée sous les ordres du général de Lacy-Evans. Les
alliés avaient pris leurs mesures ; des secours arri-
vèrent en toute hâte de la division du duc de
Cambridge ; le général Bosquet amena au pas de
course cinq bataillons français , et les Russes se
retirèrent en désordre , laissant trois cents des leurs
sur la place.

Cette alerte fut suivie de quelques jours plus
calmes , dans lesquels les travaux furent poussés,
malgré l'inclémence de la saison , avec toute l'activité imaginable. Le génie était arrivé à la troisième

parallèle, et les attaques étaient parvenues à cent quarante mètres du bastion du Mât.

Cependant l'armée russe avait reçu des renforts considérables. Le grand duc Nicolas et le grand duc Michel, fils de l'empereur, jeunes princes de vingt-trois et de vingt-deux ans, étaient arrivés à Sébastopol et avaient par leur présence enthousiasmé la garnison et l'armée. Un grand coup devenait imminent; il ne tarda pas à être frappé; ce fut la bataille d'Inkermann.

Le dimanche 5 novembre, vers quatre heures du matin, de profondes colonnes russes gravissent les pentes qui dominent le camp des Anglais, et une batterie de quarante pièces de canon est montée sur les hauteurs. Vers cinq heures, un feu de mousqueterie se fait entendre sur les versants qui descendent vers la Tchernaïa. L'alarme est aussitôt donnée par le major-général Codrington dans tout le camp anglais.

A la faveur d'un brouillard épais les Russes s'avancent; ils s'emparent, après un combat acharné, de la première redoute défendue par cent gardes du 55ᵐᵉ régiment. La deuxième division anglaise, sous les ordres du brigadier-général Pennefather, arrive au milieu de la brume à travers

les taillis et les broussailles, sur un sol détrempé
par la pluie ; et malgré les difficultés, prend position avec ses pièces de campagne ; le lieutenant-général Brown avec la division légère, le
major-général Codrington à la tête de la première
brigade, la deuxième brigade sous les ordres du
brigadier-général Buller, les gardes conduits par
le duc de Cambridge, et la quatrième division sous
les ordres du lieutenant-général Cathcart, viennent
successivement se former devant l'ennemi.

La matinée était toujours fort obscure, et une
pluie froide ne cessait de tomber. Les colonnes
russes gagnaient terrain, protégées par un feu
formidable d'artillerie et de mousqueterie, qui portaient la mort dans les rangs ; il était difficile non-
seulement de refouler l'ennemi, mais même de
soutenir le choc de ces masses, qui vomissaient le
carnage sans qu'il parût possible de les entamer.

Les Anglais sont déterminés à se faire tuer
plutôt que de lâcher pied ; ils tiennent bon, ils
luttent, ils arrêtent l'ennemi. Le lieutenant-général Cathcart, jugeant une diversion utile, se
porte rapidement dans la vallée, afin de saisir l'ennemi par le flanc ; mais il est enveloppé par des
forces supérieures, et il est frappé mortellement.

Lord Seymour, descendu de cheval pour le relever, a la cuisse cassée par une balle et tombe à son tour. Les Anglais sont menacés de toutes parts ; ils sont forcés de se replier ; mais les cris des Français, qui arrivent au pas gymnastique, leur annoncent un renfort inespéré.

Il faudrait s'être trouvé dans une telle situation, pour apprécier l'effet que produit un secours efficace en un moment aussi décisif. Un Anglais, pour rendre ce qu'il avait éprouvé, disait : « Quand j'ai vu arriver les Français, j'ai cru voir mon père et ma mère. »

Le général Bosquet, à la tête d'une partie des brigades Bourbaki et d'Autemarre, charge avec impétuosité les flancs des Russes. Le 3me régiment de zouaves, conduit par les chefs de bataillon Montaudon et Dubos ; les tirailleurs algériens, colonel de Wimpfen ; un bataillon du 7me léger, commandant Vaissier ; le 6me de ligne, colonel de Camas ; deux bataillons du 50me rivalisent d'ardeur ; le combat change bientôt d'aspect ; on s'aborde à la baïonnette ; on perd terrain ; on avance ; trois fois, six fois on revient à la charge avec une animosité et une résolution sans égales.

Les Russes sont enfin repoussés ; mais ils s'ar-

rêtent sur une crête, se reforment, et présentent
encore un front formidable. Le général Brown, qui
était allé au-devant des Français et avait combattu
avec eux, tombe atteint d'une balle à la poitrine;
le général Strangways a la jambe labourée par un
éclat d'obus et meurt, quelque temps après qu'on
l'a descendu de cheval.

L'ennemi fait un mouvement pour tourner la
division Bosquet. Le général s'en aperçoit, et par
une manœuvre hardie qu'un bataillon de zouaves
exécute avec une précision et une audace inouies, il
reprend l'avantage. Le 6me de ligne se porte en
avant, et le porte-drapeau s'élance pour entraîner
ses camarades; il tombe raide mort, frappé par une
balle. Les Russes se précipitent, s'emparent de
l'étendard, qu'ils font passer de main en main, jusqu'à leurs dernières files. Tous les soldats du 6me
s'émeuvent. Le colonel Filhol de Camas pousse un
cri : *Au drapeau! mes enfants!* Il se jette au milieu des rangs ennemis et tombe. *Au drapeau!*
s'écrie tout le régiment, et tous ensemble font une
charge telle que les Russes sont culbutés. Le lieutenant-colonel atteint le drapeau, il tombe; un chef
de bataillon le saisit à son tour, il tombe; un
capitaine s'en empare, il l'agite en signe de vic-

toire, et les Russes battent en retraite, laissant à ce brave régiment un étendard couvert du sang le plus pur et le plus héroïque.

Dès lors le mouvement de retraite de l'armée russe se détermine complètement, d'abord avec lenteur et en bon ordre, puis avec précipitation; pressée par l'infanterie et foudroyée par les batteries anglaise et française, une partie regagne la ville, l'autre se dirige vers les forts du nord.

Pendant que cette lutte sanglante a lieu à la droite, cinq mille hommes font une sortie sur les attaques françaises; ils s'avancent à la faveur du brouillard et par des ravins qui facilitent l'approche des tranchées. Les troupes de service, aux ordres du général de la Motte-Rouge, marchent à l'ennemi, qui avait déjà envahi deux de nos batteries, et les repoussent vigoureusement. Le général Forey, commandant le corps de siége, arrive à son tour avec les troupes de la quatrième division et marche de sa personne à la tête du cinquième bataillon de chasseurs à pied. Les Russes sont refoulés sur toute la ligne et regagnent précipitamment la place, laissant sur le terrain un grand nombre des leurs. Le général de Lourmel, voyant l'ennemi en fuite, tente de le tourner avec deux

bataillons du 26-me et le huitième bataillon de chasseurs à pied. Poussé par son courage chevaleresque, il ramène les assaillants jusque sous les
remparts. Là, un feu de mitraille et de mousqueterie attendait les vainqueurs. Le général a le
corps traversé par une balle; il reste à cheval,
écoute l'ordre que le général Forey lui envoie de
faire sonner la retraite, transmet cet ordre à sa
troupe, puis se tournant vers son aide de camp, il
lui dit : « Je suis blessé. » Il perdait beaucoup de
sang; on lui disait de descendre de cheval, il refusa.
Il fallut cependant céder; on le transporta à quelques pas sous une grêle de balles et de boulets;
mais il ne voulut être pansé qu'après une heure et
demie de marche, pendant laquelle il donna toujours ses ordres avec le plus grand calme.

Ainsi se termina la glorieuse journée d'Inkermann, qui coûta aux Russes plus de douze mille
hommes, et aux alliés près de cinq mille. La perte
la plus forte fut supportée par l'armée anglaise,
qui laissa sur le champ de bataille trois généraux et
cent trente officiers.

« Pendant trois heures, écrit un correspondant
anglais, le champ de bataille présenta une des plus
sanglantes mêlées qu'on ait vues depuis que le fléau

de la guerre décime l'humanité. La bataille d'Inkermann défie toute description ; ç'a été une série
d'actes d'héroïsme terribles, de combats corps à
corps, d'attaques désespérées dans des ravins, dans
des vallées, dans des broussailles, dans des trous
cachés aux yeux des humains, et d'où les vainqueurs Russes ou Anglais ne sortaient que pour
s'élancer de nouveau dans la mêlée. Quelle scène
émouvante et sublime jusqu'au moment où un
cri part : A nous les zouaves ! Et soudain deux
brigades, zouaves en tête, se sont élancées sur la
masse compacte des Russes. Les Français n'ont pas
compté leurs ennemis ; c'est un calcul réservé à la
victoire ; ils se précipitent, tête baissée, baïonnette
en avant, et irrésistibles comme la foudre, ils font
dans la masse assaillante une trouée horrible. »

Les généraux Canrobert et Bosquet accomplissent
en présence des deux armées des prodiges de valeur
personnelle et de talent militaire. Le général Bosquet eut un cheval tué sous lui par un boulet de
canon ; les généraux Canrobert et Bourbaki furent
légèrement atteints. « Vous avez tenu tête à vingt
mille Russes, disait aux Anglais le général Bosquet,
vous êtes des braves. — Hourrah ! » s'écrièrent les
Anglais, se rappelant le secours décisif qu'ils en

avaient reçus ; et pour toute réponse ils enlevèrent
le général et le portèrent en triomphe.

Le brave général de Lourmel succomba le lendemain de la bataille, il n'était âgé que de qua-
rante-deux ans. La balle avait traversé le poumon,
et cependant on avait eu l'espoir de le conserver.
Lui seul ne se faisait pas illusion ; il fit demander
un des aumôniers, disant à ceux qui cherchaient à
le rassurer. « Il faut toujours être prévoyant. »
Et, en effet, le 6 novembre vers deux heures de
l'après-midi, il expira en héros chrétien.

A la tête du 51me régiment dont il était le colonel, il s'était couvert de gloire en Afrique. Lui-
même avait sollicité comme une faveur de faire
partie de l'expédition d'Orient. Ses belles qualités
le faisaient extrêmement aimer des soldats qui
l'avaient surnommé *le Bayard de l'armée*. Pendant
la durée de l'épidémie, qui avait sévi si cruelle-
ment à Varna, on l'avait vu sans cesse encoura-
geant, soignant les malades et remontant le moral
de ses hommes par sa gaîté et par son exemple.

Le colonel de Camas montra la même élévation
de cœur. Avant de mourir, il avait recommandé
au sous-officier qui se tenait près de lui, d'écrire
à sa mère et à sa femme, et d'adoucir la douleur

de sa perte en leur disant qu'il était mort à son poste. Puis il ajouta ces mots sublimes, dignes de St Louis : « Si tu entends dire que quelqu'un ait eu à se plaindre de moi, tu lui diras que je lui en demande pardon. » Peu après, étendu à terre, et son âme se reportant vers de nobles souvenirs de famille, il cherchait autour de lui avec la main, disant : « L'épée de mon père !... l'épée de mon père !... »

Les Russes s'avançaient de nouveau ; le brave sergent Ricci n'avait pu se déterminer à laisser son colonel mourant ; mais celui-ci, pour épargner la vie de ce digne soldat, fit un effort suprême et lui dit : « Retire-toi, mon enfant, laisse-moi ; c'est ton colonel qui te donne un ordre pour la dernière fois, ne lui désobéis pas ! » Peu d'instants après, les Français regagnèrent terrain ; on retrouva le corps à la même place. « Quand j'ai vu le colonel, écrit un de ses frères combattant aussi en Crimée, son visage était pâle et calme, ses yeux ouverts avec une expression de douceur et de sérénité que je n'oublierai jamais. J'ai eu un instant l'idée qu'il allait me parler. Je l'ai bien embrassé pour nous tous. Il y avait autour de moi des soldats et des officiers qui pleuraient comme moi. »

C'est ainsi que nos guerriers savent allier à
l'impétuosité de la vaillance les consolantes pensées de la foi et les plus doux sentiments du cœur;
c'est ainsi qu'ils savent faire les plus généreux
sacrifices à la patrie, sans jactance, sans effort, et
avec cette douce fermeté que peut seule donner la
certitude d'un devoir accompli.

IV

Ouragan du 14 novembre. — Souffrances des armées.
Rigueur de l'hiver. — Situation des Anglais et des Turcs.
Une passe à l'entrée de la rade de Sébastopol.
Le vice-amiral Bruat.

A la suite de la bataille d'Inkermann, les généraux en chef tinrent un conseil de guerre. On re-
connut qu'on ne pouvait enlever la place tant
qu'on aurait à se protéger contre une armée toujours menaçante et qu'il fallait tenir en échec ; que
des renforts pour atteindre ce double but étaient
indispensables, et qu'on devait se déterminer à
passer la saison d'hiver sous les murs de Sébastopol, et à fortifier, autant qu'il serait possible, les
lignes de circonvallation. Un horrible ouragan, qui
éclata le 14 novembre, vint donner à l'armée et
au courage de nos soldats de nouvelles luttes à soutenir. Dès six heures du matin, un vent impé-

tueux, soufflant du sud-ouest , enleva subitement
les tentes , les baraques , les magasins , les arbres ,
les bâtiments même ; la neige , la grêle , la pluie
tombaient par rafales, pénétraient partout, et transformaient le camp en un lac d'eau et de boue. On
cherchait en vain des abris ; la tempête était si violente , que les soldats campés sur les falaises de
Balaklava furent obligés de se cramponner à la
terre pour ne pas être enlevés et emportés au-delà
de la baie. Le mugissement des flots , le bruit du
tonnerre, venaient ajouter à l'horreur de la situation. La mer était sillonnée par un grand nombre
de navires , qui portaient des soldats et des provisions en Crimée , ou qui amenaient à Constantinople des malades , des blessés et des prisonniers
de guerre. Tous furent bientôt en détresse; les
vagues s'élevaient jusqu'aux nues, et en retombant
creusaient des abîmes. Plusieurs vaisseaux anglais
se brisèrent contre les rochers, d'autres furent jetés
à la côte; trente ou quarante transports, chargés
d'approvisionnements , eurent le même sort. Les
cosaques, bravant la tempête , faisaient des évolu-
tions sur la plage, pour saisir le moment de piller
ou d'incendier les navires. Les équipages y mirent
le feu eux-mêmes, afin de ne pas les laisser à la

merci des Russes. La corvette à vapeur *le Pluton*,
et le magnifique vaisseau *le Henri IV*, l'un des plus
beaux de la marine française, vinrent échouer près
d'Eupatoria sans qu'il fût possible de les renflouer.
On put enlever les armements, et les hommes
eurent la vie sauve, grace à l'énergie des com-
mandants et à l'intrépidité de l'équipage.

Il y eut, au moment de ce bouleversement de
la nature, une tentative faite par l'ennemi sur
Eupatoria. Six mille hommes avec seize canons s'a-
vancèrent vers la ville pour la surprendre ; mais,
au milieu de tous ces désastres, le courage ne fit
pas défaut. Toutes les mesures furent prises pour
résister aux assaillants, qui ne tardèrent pas à se
retirer.

Il fallut plusieurs jours pour réparer les avaries
et les désastres causés par cette horrible tempête.
Tout le monde se mit à la besogne de grand cœur ;
les Français, sous la conduite de leurs chefs, montrèrent une aptitude et une activité que les Anglais
ne purent s'empêcher d'admirer et qu'ils finirent
par imiter.

De part et d'autre, le mois de novembre fut
employé à des travaux qui augmentaient les moyens
d'attaque et de défense, sans que les feux d'artil-

lerie et de mousqueterie eussent jamais cessé. « Jamais, dit le général Canrobert dans un rapport en
date du 25 novembre, on n'a vu une pareille con-
sommation de poudre et de boulets; nos officiers
d'artillerie calculent que les Russes ont tiré pour cet
objet, depuis notre arrivée sous les murs de Sébastopol, quatre cent mille coups de canon et brûlé un
million deux cent mille kilogrammes de poudre. On
peut se faire une idée, d'après cela, des approvisionnements accumulés dans la place. » Le général
en chef parle ensuite des dispositions prises pour
augmenter les rations, pour procurer des vête-
ments et des couvertures, et il ajoute en terminant:
« Je puis vous assurer que l'armée devient d'une
rare solidité; et vous ne sauriez imaginer à quel
point nos jeunes gens, tout à coup mûris par la
grandeur de la lutte, deviennent vite de vieux soldats. Vous n'auriez pas vu, sans un vif sentiment
de satisfaction, nos lignes déployées rester calmes
et immobiles sous un feu de canon que lord Raglan
m'a déclaré être supérieur à celui qu'il avait entendu
à Waterloo. »

Le mois de décembre se passa dans les mêmes
conditions. Les Russes s'inquiétaient surtout des
progrès que nous faisions du côté du fort de la Qua-

rantaine, dont nos ouvrages s'étaient approchés à cent cinquante mètres. Vers la fin du mois, le temps redevint affreux. Le froid, l'humidité du sol, les brusques changements de température, les tempêtes de mer succédant à un vent âpre du nord, des pluies torrentielles et des avalanches de neige, qui se transformaient bientôt en lacs d'eau glacée ; tout cela mettait nos soldats à des épreuves plus rudes que les combats. L'admirable direction donnée aux administrations militaires, et les ressources de prévoyance qui avaient été accumulées, adoucirent dans notre camp cette situation difficile ; la gaîté française, la résolution des officiers, la popularité du général en chef, qu'on trouvait partout et toujours avec ces mots heureux qui vont au cœur du soldat, rendirent supportable, à neuf cents lieues de la patrie, un hiver escorté de tous ses frimas, de tous les périls de la guerre, et par-dessus tout des horribles souffrances du choléra.

Il n'en était pas de même dans le camp anglais. Un défaut d'organisation laissait l'armée dans les privations les plus rigoureuses ; des provisions étaient accumulées à Balaclava, et personne ne se trouvait chargé d'établir le service des transports, d'ailleurs excessivement difficile à cause de l'ef-

5

froyable état des routes, qui ne présentaient qu'un
bourbier où l'on s'enfonçait jusqu'aux genoux. Des
baraques, expédiées à grands frais d'Angleterre et
debarquées sur le rivage, ne pouvaient arriver jusqu'à destination, et les soldats s'en emparaient et
les brûlaient pour se chauffer ou faire bouillir la
soupe. La dyssenterie scorbutique, les fièvres et le
choléra faisaient de nombreuses victimes. Sur un
chiffre de quarante mille Anglais, on trouva à la
fin de décembre treize mille cinq cents malades.
Les Français prêtaient leurs mules pour le transport de ces malheureux, et leur venaient en aide
avec un admirable dévouement. « Si cela continue,
écrivait un officier anglais, il ne nous restera plus
personne. Notre commissariat est si mal organisé,
que les hommes sont quelquefois vingt-quatre
heures sans vivres. » « Tout est énergie et activité
dans le camp français, écrivait un chirurgien de
l'armée britannique ; dans le nôtre, tout est tristesse et deuil. Notre régiment est réduit à un effectif
de trois cent soixante hommes, sur plus de mille.
La maladie et la mortalité continuent leurs ravages
parmi nous. Les malades arrivent à l'hôpital mori-
bonds, et nous ne pouvons leur rendre ni la cha-
leur ni la vie ; car nous sommes sans feu, nous ne

pouvons les coucher que sur le sol humide; nous manquons des médicaments nécessaires. J'ai le cœur navré de voir tant de souffrances et de ne pouvoir les soulager. »

Quant aux Turcs, le désordre était tel parmi eux, que l'administration ne savait pas même ce qu'il restait des vingt-cinq mille hommes envoyés à Sébastopol depuis le mois de septembre, et n'avait de comptabilité que pour les chevaux. A mesure que ces animaux mouraient, les Turcs commis à leur garde leur coupaient les oreilles, en remplis-saient des sacs, et venaient les compter religieuse-ment devant l'officier du commissariat; leurs malades et leurs blessés auraient succombé tous, sans la charité du corps médical français. Si l'on avait observé les prescriptions du Coran, maintenues dans le code turc, on aurait dû s'adresser au divan de Stamboul pour avoir l'autorisation de faire une amputation.

Malgré ces dures épreuves et ces souffrances qui paraissent au-dessus des forces humaines, le courage de l'armée assiégeante ne faiblissait pas. L'arme du génie continuait ses travaux de sape, de circon-vallation, de tranchées, avec l'inébranlable persé-vérance et la savante tactique qui inspiraient et forti-

fiaient la confiance. Les soldats montraient un héroïsme de constance et de froide intrépidité au-dessus
de tout éloge, pendant les longues nuits de garde
de tranchée, qu'il fallait passer dans une sorte
d'immobilité, les pieds dans la boue et exposé à
toutes les intempéries ; le plus souvent on se tenait
accroupi dans des trous, toujours l'œil au guet,
l'esprit tendu, l'arme dans la main, l'oreille atten-
tive, afin d'éviter une surprise que les ténèbres et le
bruit formidable de l'artillerie de la place rendaient
plus faciles. Les Russes ne cessaient pas la canonnade ; les boulets, les bombes et la mitraille, lancés
le plus souvent à l'aventure, venaient parfois frapper quelque tirailleur en vedette ou éclater au milieu
d'un bataillon blotti et serré dans une embuscade.

Les pertes produites par le feu de l'ennemi n'é-
taient pas relativement considérables et les démantè-
lements partiels de nos redoutes pouvaient être facilement réparés. Mais quelque aguerries que soient
des troupes, quelles que soient les profondeurs
des tranchées, cette grêle continue de projectiles
ne peut manquer de retarder les travailleurs, et les
Russes n'ont jamais cessé de mettre en pratique
cette loi élémentaire de l'art des sièges : *Inquiéter
son ennemi et gêner ses travaux.*

Comme nos batteries n'étaient pas encore mon-
tées pour riposter avec succès, les Russes, dirigés
par d'habiles ingénieurs, à la tête desquels était
placé le général Tottleben, s'occupaient avec plus
de sécurité que nous à élever de nouveaux ouvrages; ils avaient sous leurs mains les matériaux
que nous étions obligés d'aller chercher au loin; et
à peine avions-nous ébauché à grands coups de
pioche, de pic et même de pétards, des batteries
creusées dans le roc, que l'ennemi en démasquait
de nouvelles tout armées, qui enfilaient les nôtres.

En prodiguant ainsi les projectiles, les assiégés
ne négligeaient pas les sorties nocturnes, qui nous
tenaient constamment en haleine, mais dans lesquelles ils ne conservèrent jamais l'avantage.

La flotte ennemie n'avait jusque-là pas donné
signe de vie. Le 6 décembre, une frégate *le Wladi-
mir* et une corvette à vapeur sortirent de la rade et
vinrent, sous la protection du fort de la Quarantaine, reconnaître la gauche des positions françaises.
Ces deux bâtiments furent bientôt signalés, et la
chasse leur fut immédiatement donnée; les navires
russes, après avoir lâché quelques bordées, se réfugièrent immédiatement sous le feu de leurs batteries côtières.

Cette petite expédition fit connaître qu'il existait une passe dans la rade, et le vice-amiral Bruat eut la pensée d'aller, dès la nuit même, visiter les lieux. Plusieurs chaloupes s'approchèrent du port , grace à l'obscurité et à la manœuvre silencieuse; on aperçut la passe, on la traversa, et la chaloupe de l'amiral parvint jusqu'à la chaîne qui ferme l'entrée du port militaire. L'alarme fut bientôt donnée, et les hardis explorateurs, qui avaient atteint leur but, dûrent se retirer en toute hâte à travers une grêle de boulets lancés par les redoutes de toute la ligne.

Quelques jours après, le vice-amiral Bruat était nommé au commandement de la flotte, en remplacement du vice-amiral Hamelin promu au grade d'amiral. Les Russes répondirent à cette nomination et à l'audacieuse tentative de celui qui en était l'objet, en coulant deux nouveaux vaisseaux à l'entrée de la rade , de manière à enlever toute possibilité de forcer l'entrée du port. Le contre-amiral Lyons succéda à la même époque au vice-amiral Dundas dans le commandement de la flotte anglaise.

Il y eut aussi divers mouvements dans l'état-major de l'armée de terre; le plus important fut

celui qui appela le général Pélissier , commandant
la division d'Oran eu Algérie , au commandement
du premier corps d'armée.

V

Détresse de la cavalerie anglaise.
Nouvelles sorties nocturnes. — Le lacet, la corde tendue.
Les outardes. — Combat de Sélengbinst.

L'hiver continuait avec toutes ses rigueurs. Le mois de janvier fut surtout désastreux pour la cavalerie. Les Anglais se trouvaient dans la position la plus critique; leurs beaux régiments n'existaient plus; leurs chevaux de trait et de bât avaient aussi presque tous péri. « Il ne leur en reste pas cinquante, dit une correspondance, pour traîner toute leur artillerie et transporter les vivres de Balaklava aux divisions parties de leur camp. Ils sont forcés de venir se grouper autour du lieu de débarquement, sous peine de mourir de faim. » Les Français, en voyant cette détresse, s'étaient mis à l'œuvre, avaient établi eux-mêmes une route de près d'une lieue à travers leur camp, leur prêtaient chaque jour les chevaux du train des équipages et les mulets dont ils pouvaient disposer, et partageaient même avec eux leurs vivres. L'armée anglaise, réduite à vingt-sept mille hommes, comptait à peine la moitié en état de faire le service des tranchées, et pendant quelque temps les Français furent obligés de prendre la garde et de continuer la plus grande partie des travaux de siége occupés et commencés par eux.

Les Russes, quoique toujours repoussés avec perte dans leurs attaques, ne cessaient de revenir à la charge. Le 5, le 7, le 13, le 20, le 31 janvier, il y eut des sorties nocturnes, mieux conduites que les précédentes, mais qui ne servirent aussi qu'à faire mieux éclater l'intrépidité et la valeur de nos troupes. Le général Canrobert mit à l'ordre du jour la brillante conduite du sous-lieutenant Kerdudo. Dans la nuit du 7, à la tête d'un détachement de voltigeurs, ce jeune officier contribua puissamment à refouler quinze cents russes, qui avaient attaqué les tranchées, défendues seulement par quatre compagnies du 46me de ligne, nouvellement arrivées en Crimée, mais qui se montrèrent aussi aguerries que les plus vieilles troupes.

Dans la sortie du 15, un nouveau corps de chasseurs russes, formé aux guerres du Caucase, commença à se faire connaître. Ces hommes, choisis parmi les plus adroits et les plus agiles, n'ont d'autres armes qu'un lacet ou cordelette d'une longueur de quatorze à quinze pieds, et terminé par une grosse balle de plomb; ils lancent ce lacet, pendant le combat, de préférence sur les officiers; ils le manœuvrent avec une étonnante dextérité, et entraînent avec eux leur victime à demi étourdie et tellement empétrée qu'elle ne peut ni se débarrasser ni se défendre. La nouveauté de ce procédé sauvage étonna l'armée, qui eut à déplorer des pertes sensibles. Au combat du 20, les Russes employèrent une autre ruse : ils feignirent de fuir devant nos troupes. Les Français s'élancèrent; mais les Russes avaient préparé au travers du chemin une corde tendue, que l'obscurité ne permettait pas d'apercevoir. Dès que nos soldats étaient tombés, les Russes revenaient en toute hâte et faisaient prisonniers des hommes qui ne pouvaient se défendre.

Ces méthodes de faire la guerre qui venaient s'ajouter à tous les moyens de destruction, adoptés par la civilisation, ne tardèrent pas à disparaître. Les Russes, dont le fond du caractère est généreux, et qui, en plusieurs occasions, montrèrent leurs sympathies pour les Français, comprirent qu'ils ne s'honoraient pas en faisant usage de tels moyens.

En dehors des combats, il y eut plusieurs scènes de confraternité entre les soldats des deux armées, qui contrastaient singulièrement avec la vigueur de l'attaque et de la défense. Les officiers russes, quand ils n'avaient pas les armes à la main, montraient en général une grande courtoisie envers les Français. Un trait, entre plusieurs autres, peut en donner une idée. Une bande d'outardes volait au-dessus des tranchées; les Français et les Russes tirèrent dessus à l'envi, et quatre outardes tombèrent entre les fortifications de la place et nos tranchées. Personne n'osait aller chercher le gibier. Un capitaine russe s'avance, tire de sa poche un mouchoir blanc et l'agite pour annoncer qu'il réclame un armistice; puis il marche résolument vers les quatre outardes, en prend deux, qu'il va présenter aux Français; et, après les avoir salués, revient ramasser les deux autres oiseaux, qu'il emporte dans Sébastopol aux applaudissements de nos bataillons. De pareils traits font honneur aux deux partis, et, au milieu même d'une guerre à outrance, posent des préliminaires de paix.

A la suite de l'affaire du 30 janvier, notre armée perdit quelques braves officiers et entre autres le commandant Sarlat, de l'arme du génie, officier distingué par sa science et sa bravoure. Le général Niel, qui dirigeait l'ensemble des travaux, et le général de brigade Bizot de la même arme, se rendirent en cette occasion les interprètes des regrets de toute l'armée.

Pendant le mois de février, il y eut plusieurs conflits meurtriers sous les murs d'Eupatoria, où les Russes avaient amassé de grandes forces. Ils furent repoussés par les Turcs, appuyés par les marins du *Henri IV*, qui faisaient servir leur vaisseau échoué, de citadelle pour la défense de la ville; plusieurs bâtiments français, qui mouillaient dans la rade, contribuèrent aussi à couvrir la ville.

A Sébastopol, les Russes travaillaient avec une activité infatigable à fortifier leur ligne de défense. Ils élevaient des batteries qui commandaient la vallée de la Tchernaïa et faisaient de la tour Malakoff un centre de fortifications, qu'ils entouraient d'ouvrages considérables.

Pour inquiéter ces travaux et arrêter leurs développements, la première division française fut détachée vers la tour Malakoff, et aussitôt on commença les travaux de cheminement qui devaient y conduire ; les Russes de leur côté construisirent des bastions de contre-approche, et établirent une redoute qui fut appelée Sélenghinst, du nom du régiment qui la défendait. Il fallait s'emparer de cette redoute ; et le 24 février, à deux heures du matin, deux bataillons de zouaves (colonel Cler), un bataillon d'infanterie de marine (commandant Mermier) et des détachements du génie et d'artillerie se dirigèrent dans le plus grand silence vers la position à enlever. Le général Monet était à la tête de cette expédition. Il marchait en avant dans une obscurité profonde ; et cependant sa troupe avait été aperçue. Tout à coup une fusillade très-vive ouvre un feu meurtrier sur les bataillons zouaves. Le général Monet est atteint de deux coups de feu ; il ne quitte pas son poste, défend de répondre à l'ennemi, et gravit avec ses intrépides soldats les épaulements de la redoute. Les zouaves s'élancent à la baïonnette ; les Russes plient devant ce choc irrésistible ; on encloue les canons, on bouleverse la redoute ; mais l'alarme a été donnée de toutes parts. Des batteries voisines, des bâtiments embossés dans la rade, tombe sur les vainqueurs une grêle de projectiles ; des pots à feu, des fusées illuminent le ciel et permettent à l'artil-

lerie ennemie de diriger son feu. Il faut songer à
la retraite ; le général en fait sonner le signal et
sort le dernier de la redoute , après avoir fait enlever les blessés. En regagnant le camp , les zouaves
aperçoivent dans l'ombre une masse noire, qu'ils
prennent pour le bataillon d'infanterie de marine,
qui s'était égaré dans des chemins fangeux. C'était
un régiment russe ; on ne pouvait hésiter ; il fallait
faire *un trou ;* on le fit, mais non sans éprouver
des pertes cruelles.

Un armistice de quelques heures fut convenu,
trois jours après, pour donner la sépulture aux
morts. Il y avait eu un horrible carnage ; mais là
encore les deux nations se montrèrent pleines d'es-
time l'une pour l'autre. Les zouaves et les grenadiers russes de corvée échangèrent force poignées
de mains, et se donnèrent de mutuels témoignages
d'intérêt.

VI

Mort de l'empereur Nicolas.
Le bombardement. — Mort du général Bizot.
Combat du 1er mai, — Le général Canrobert résigne le
commandement. — Nomination du général Pélissier.

Un évènement subit et inattendu vint étonner
l'Europe et montrer une fois de plus combien la
puissance divine peut en un instant déjouer toutes
les combinaisons humaines. Nicolas Ier, le tzar de
toutes les Russies, le promoteur de cette guerre qui
embrasait la moitié du monde civilisé, mourut le 4
mars, après une courte maladie. Son fils aîné fut
proclamé immédiatement empereur et prit le nom
d'Alexandre II. Il semblait que ce changement de
règne dût porter des conséquences pacifiques; la
diplomatie crut prochain un arrangement entre les
puissances belligérantes ; mais l'illusion ne fut pas
de longue durée, et avec les premiers jours de la
belle saison la guerre reprit avec un acharnement

nouveau. Un des premiers actes du nouvel empereur fut de nommer le général prince Gortschakoff commandant en chef de toutes les troupes de terre et de mer en Crimée. Le général Osten Sacken et le vice-amiral Nachimoff furent chargés spécialement de la défense de la place.

Le 14 et le 15 mars, il y eut des attaques sur divers points et dans lesquelles les Français eurent l'avantage. La nuit du 22 au 23 fut signalée par un combat opiniâtre. Dix mille russes s'élancèrent sur nos cheminements, et ne purent, malgré une lutte de trois heures, faire lâcher pied à deux mille hommes du 6me, du 82me et du 86me de ligne, soutenus par le quatrième bataillon des chasseurs à pied. Les chefs de bataillon Dumas, du corps du génie, et Banon, du 3me zouaves, trouvèrent une mort glorieuse en combattant. On évalua la perte des Russes à deux mille hommes, et la nôtre à cinq cents. Un armistice, pour donner la sépulture aux morts, donna lieu aux mêmes témoignages de politesse et d'égards que nous avons signalés. La plupart des officiers russes, parlant très-bien français, entamaient des conversations amicales avec les officiers de notre armée, qui ne leur cédaient pas en courtoisie.

Les travaux de siége pour battre la place étaient arrivés à leur terme. Le 9 avril, à la première heure du jour, toutes les batteries furent démasquées, et quatre cents bouches à feu vomirent à la fois sur Sébastopol les boulets et les bombes, tandis que des fusées incendiaires y portaient la flamme. *C'était un feu d'enfer*, selon l'expression du prince Gortschakoff. Protégé par ces formidables explosions et par de vives attaques, qui se succédaient chaque jour et qui nous faisaient gagner terrain, le génie put poursuivre ses travaux et former une nouvelle parallèle.

Les Français avaient pris possession des attaques de droite et de gauche, les Anglais étaient placés au centre. Notre feu était surtout dirigé à la droite contre la tour Malakoff, rendue formidable par les travaux incessants des Russes et contre le mamelon Vert, redoute de contre-approche, fortifiée aussi par des travaux considérables.

Le 11 avril fut marqué par une perte bien sensible à l'armée française. Le général Bizot, de l'arme du génie, fut frappé d'une balle à la tête devant le bastion du Mât, et succomba le 16 à sa blessure.

« Pendant six mois, nous l'avons vu, dit le gé-

néral en chef, de nuit et de jour à l'œuvre , mon-
trant, au milieu des difficultés les plus ardues, le
calme, la fermeté d'esprit, la tenacité, la sérénité
les plus extraordinaires. Nos soldats le connais-
saient tous ; ils admiraient son ardeur, sa bravoure
de sous-lieutenant ; et on s'étonnait chaque jour de
le voir revenir de la tranchée, après les périls
affrontés, avec une insouciance et une gaîté qui
donnaient à son courage un caractère particulier. »

A ses obsèques, qui se firent avec la plus grande
pompe, il se passa un fait que l'on aime à regarder
comme prophétique. L'aumônier de la 9me division qui officiait, après avoir récité les prières
des morts et avoir jeté de l'eau bénite sur la fosse,
présenta le goupillon à lord Raglan ; celui-ci au
général Canrobert, qui l'offrit à Omer Pacha.
De là il passa aux mains du général égyptien, qui,
tout musulman qu'il était, jeta l'eau bénite à son
tour en faisant sur la bière le signe de la croix.

« Si je n'avais vu, écrit un témoin oculaire, si
je n'avais vu moi-même un protestant, un renégat
et un musulman, tous personnages éminents, jeter
de l'eau bénite, suivant le rite catholique sur la
tombe d'un catholique, j'hésiterais à le croire. Ce
sera pour moi un de mes plus chers et de mes plus

doux souvenirs de la campagne de Crimée; comme je n'oublierai jamais la pieuse et imposante cérémonie de l'enterrement d'un général français en pays ennemi, cérémonie où la voix du prêtre était parfois couverte par le bruit du canon. »

Dans la nuit du 14, la troisième parallèle à gauche fut établie, malgré l'opposition la plus vive de l'ennemi. Le 23ᵐᵉ de ligne, composé presque entièrement de conscrits, qui ce jour-là reçurent bravement leur baptême de feu, s'y distingua de la manière la plus brillante.

« Le dimanche 15 avril, à sept heures et demie du soir, dit le général en chef dans son rapport, on a fait sauter les fourneaux de notre mine à l'approche du bastion du mât. L'opération, conduite avec intelligence par le génie, a admirablement réussi. L'éruption a été immense, et le chemin ouvert dans le roc n'est plus éloigné du fossé de ce bastion que de quarante mètres. Cette explosion soudaine a fait croire à l'ennemi à une attaque immédiate de la ville. Les tambours ont battu le rappel, et la place a ouvert un feu terrible sur toute la ligne, nos batteries ont répondu avec une grande vivacité, et bientôt on a pu se convaincre de la supériorité acquise par notre artillerie dans cette

longue lutte. Nos lignes de contre-approche avancent partout sans interruption, et nous nous ap-
prêtons à prendre de nouvelles positions, en refou-
lant l'ennemi dans ses lignes de défense les plus
limitées. »

Les Russes avaient établi devant nos attaques de
gauche une série de postes fortifiés qu'ils avaient
solidement reliés entre eux, et qui étaient défendus
par plusieurs bataillons. Dans la nuit du 1er au 2
mai, ces ouvrages furent enlevés par trois colonnes
formées du 46me de ligne, colonel Gault, et de
détachements du 1er régiment de la légion étrangère, des 43me, 79me, 42me et 98me de ligne,
et 9me bataillon de chasseurs, sous les ordres du
général de Salles. Les troupes marchèrent avec
ordre et avec un irrésistible élan; elles culbutèrent
l'ennemi, le rejetèrent dans la place, et le génie,
dirigé par le lieutenant-colonel Guérin, assura l'é-
tablissement définitif de nos troupes dans l'ouvrage
même. Le colonel Viennot, de la légion étrangère,
périt glorieusement, l'épée à la main, à la tête de
son régiment.

Le lendemain, une colonne de trois mille Russes
tenta de reconquérir le terrain perdu; favorisée
par une formidable canonnade, elle s'élança sans

bruit vers les ouvrages, lorsque le cri, *aux armes!* retentit dans les lignes françaises ; l'ennemi se voyant découvert fit une décharge bien nourrie ; mais les Français furent bientôt tous à leur poste, et répondirent par une fusillade tellement vive, que les Russes lâchèrent pied et se réfugièrent dans la ville.

Pendant la nuit du 13 au 14 mai, qui fut pluvieuse et fort obscure, l'ennemi fit en même temps deux sorties ; elles trouvèrent les assiégeants sur leurs gardes, et n'eurent pas de résultat.

Dans son rapport sur le combat du 1er mai, le général Canrobert avait adressé des paroles de félicitation au général Pélissier, dont les habiles et fermes dispositions avaient préparé l'attaque et en avaient assuré le succès. La pensée du généreux et modeste Canrobert se portait déjà vers lui pour résigner le commandement en chef entre ses mains. Une ophtalmie très-douloureuse, une excessive fatigue, une dissidence avec le général anglais pour arrêter les plans d'attaque, et la crainte d'amener des froissements avec les alliés, le déterminèrent à ne plus en retarder l'exécution. Le 16 mai, il écrivit à l'empereur :

« Ma santé fatiguée ne me permettant plus de

» conserver le commandement en chef, mon devoir
» envers mon souverain et mon pays me force à
» vous demander de remettre ce commandement
» au général Pélissier, chef habile et d'une grande
» expérience. L'armée que je lui laisserai est in-
» tacte, aguerrie, ardente et confiante. Je supplie
» l'Empereur de m'y laisser une place de com-
» battant à la tête d'une simple division. »

D'après la réponse et l'acquiescement de l'empereur, tous les officiers généraux se réunirent le
19 mai, et le général Canrobert remit ses pou-
voirs à son successeur, avec cette simplicité antique
qui ajoute un si grand relief aux actes les plus
héroïques.

Son accent avait une dignité, une émotion con-
tenue, une fermeté si grande que tous écoutèrent
d'abord en silence; puis tous ces fiers courages,
qui mille fois avaient sans sourciller bravé la
mort, trouvèrent des larmes pour honorer un si
noble sacrifice, si noblement accompli.

Le même jour, le général compléta cet acte d'héroïque abnégation, dont l'histoire offre à peine un
exemple, en annonçant en ces termes sa résolution
à ses troupes muettes d'étonnement et d'admiration :

« Soldats,

» Le général Pélissier, commandant le premier
» corps, prend, à la date de ce jour, le comman-
» dement en chef de l'armée d'Orient. L'empe-
» reur, en mettant à votre tête un général habitué
» aux grands commandements, vieilli dans la
» guerre et dans les-camps, a voulu vous don-
» ner une nouvelle preuve de sa sollicitude et pré-
» parer encore davantage les succès qui attendent
» sous peu, croyez-le bien, votre énergique per-
» sévérance. En descendant de la position élevée
» où les circonstances et la volonté du souverain
» m'avaient placé, et où vous m'avez soutenu au
» milieu des plus rudes épreuves, par vos vertus
» guerrières et ce dévouement confiant dont vous
» n'avez cessé de m'honorer, je ne me sépare pas
» de vous. Le bonheur de partager de plus près
» vos glorieuses fatigues, vos nobles travaux m'a
» été accordé; et c'est encore ensemble que sous
» l'habile et ferme direction du nouveau général
» en chef, nous continuerons à combattre pour la
» France et pour l'empereur. »

Personne n'avait voulu ajouter foi tout d'abord
à cette nouvelle, qui s'était répandue comme l'é-

clair; mais il fallait bien se rendre à l'évidence.
Alors ce fut de toutes parts unanimité de regrets
et d'éloges. Chacun rappelait et les soins paternels
et la sympathique influence que le général Canrobert exerçait sur les troupes ; et ses encourageantes
paroles , quand , à toutes les heures , il arrivait
dans les tranchées; et ses veilles pour adoucir leurs
souffrances ; et ses travaux incessants. Sous leurs
tentes, les soldats racontaient et ses traits de courage et les bonnes paroles qu'il savait trouver en
son cœur pour les soutenir et pour les ranimer.

Le général Pélissier répondit le même jour au
langage si élevé de son prédécesseur par des paroles
non moins dignes et non moins admirables :

« Soldats,

» Notre ancien général en chef nous a fait con-
» naître la volonté de l'empereur, qui , sur sa de-
» mande , m'a placé à la tête de l'armée d'Orient.
» En recevant le commandement de cette armée
» exercée si longtemps par de si nobles mains, je
» suis certain d'être l'interprète de tous , en pro-
» clamant que le général Canrobert emporte tous
» nos regrets et toute notre reconnaissance.

» Aux brillants souvenirs de l'Alma et d'Inker-

» mann, il a ajouté le mérite plus grand encore
» peut-être d'avoir conservé à notre souverain et à
» notre pays, dans une formidable campagne d'hi-
» ver, une des plus belles armées qu'ait eues la
» France. C'est à lui que vous devez d'engager à
» fond la lutte et de triompher. Si, comme j'en
» suis certain, le succès couronne nos efforts, vous
» saurez mêler son nom à nos airs de victoire. Il a
» voulu rester dans nos rangs, et, bien qu'il pût
» prendre un commandement plus élevé, il n'a
» voulu qu'une chose, se mettre à la tête de sa
» vieille division. J'ai déféré aux instances, aux
» inflexibles désirs de celui qui était naguère notre
» chef et qui sera toujours notre ami.

» Soldats, ma confiance en vous est entière.
» Après tant d'épreuves, tant d'efforts généreux,
» rien ne saurait étonner votre courage. Vous savez
» tout ce qu'attendent de vous l'empereur et la
» patrie; soyez ce que vous avez été jusqu'ici, et
» grace à votre énergie, au concours de nos intré-
» pides alliés, des braves marins de nos escadres,
» et avec l'aide de Dieu nous vaincrons. »

« C'est ainsi que notre armée de Crimée, suivant la parole d'un écrivain célèbre, sait bien

                                          7

combattre, bien mourir et bien parler. Chaque
jour lui impose une victoire nouvelle, chaque jour
elle l'obtient. C'est un enthousiasme continu de
courage, de patience, de sacrifice, dans les plus
durs et les plus nombreux périls, que puisse vaincre
la constance humaine. Si quelque circonstance
l'exige, ces cœurs héroïques révèlent sans emphase
la majesté de leurs pensées. Canrobert quitte le
commandement suprême, comme Saint-Arnaud a
quitté la vie, avec ce même calme d'un cœur que
l'adversité rehausse. Ne nous étonnons pas si ces
hommes tracent en courant, d'une main qui tient
encore l'épée, des paroles qui resteront parmi les
modèles de l'éloquence publique. Ils ont en eux le
génie de la France militaire et chrétienne. »

VII

Les aumôniers de l'armée. — Divers traits de foi
et de piété. — Fermeté devant les souffrances de la mort.
Les sœurs de Charité. — Le corps médical.

Les troupes françaises, qui offraient au monde
un tableau si complet de toutes les vertus guerrières, donnaient en même temps, dans tous les
rangs et dans toutes les armes, le magnifique
spectacle de la foi unie à la bravoure. Nous allons
interrompre un instant le récit des combats, et
reposer le lecteur des scènes de carnage, inévi-
tables conséquences du fléau de la guerre, en
présentant quelques traits qui caractérisent d'une
façon si admirable nos braves soldats.

La création de l'aumônerie fut pour la flotte et
pour l'armée un des plus grands bienfaits ; ses résultats ont été immenses et inappréciables. Les
prêtres généreux appelés à exercer ce sublime

apostolat et dont plusieurs ont payé de leur vie,
leur infatigable dévouement dans les hôpitaux, sur
les vaisseaux, dans les ambulances, sur les champs
de bataille, près des malades, des blessés, des
cholériques, ont puissamment aidé au réveil de la
foi dans les cœurs. Nous transcrirons ici les paroles mêmes des aumôniers ; elles ont acquis une
autorité sacrée :

« Je voudrais pouvoir le publier bien haut, écrivait le P. Gloriot quelque temps avant de couron-
ner sa belle carrière par le sacrifice de sa vie ; je
voudrais pouvoir faire connaître à la France ce
qu'elle ignore peut-être, c'est-à-dire que l'armée a
su garder mieux que toute autre classe de la société
française les traditions religieuses. Notre ministère
est partout bien accueilli ; il est évident pour tout
le monde que le prêtre est aimé, respecté, parfaitement vu de tous, des officiers comme des simples
soldats. J'aurais mille traits à rapporter pour con-
firmer cette pensée. J'ai été surtout bien édifié pendant mon séjour au quartier général, de voir le
général Canrobert, accompagné de son état-major,
se rendre, le dimanche, à neuf heures précises,
dans la pauvre masure du P. Parabère pour y entendre la messe. Ces messieurs n'y ont pas manqué

une seule fois pendant l'hiver, et je vous assure
qu'il y avait du mérite dans cette action; il fallait
souvent affronter un froid très-rigoureux, braver
la neige et rester pendant une demi-heure dans une
chapelle qui ressemble assez à l'étable de Bethléem,
c'est-à-dire qu'elle est ouverte à tous les vents, sans
plancher, sans chaise. C'est habituellement un
des officiers d'ordonnance du général qui sert la
messe.

» La consolation la plus douce pour nous, c'est
de pouvoir nous dire que pas un militaire ne meurt
sans recevoir les sacrements. Il me faudrait non pas
des pages, mais des volumes, pour vous rapporter
toutes les actions édifiantes, toutes les paroles admirables dont je suis témoin ou que je recueille tous
les jours. Jusqu'ici j'ai été seul appelé auprès des
officiers gravement malades à Constantinople. Tous
se sont confessés et ont reçu l'Extrême-Onction. Un
colonel, mort à la fin de janvier, me disait au moment où j'arrivais auprès de lui : « Ah ! monsieur
l'aumônier, que je vous sais bon gré de vous être
dérangé à cette heure; je crois que je serais mort
par la crainte que j'avais de mourir sans m'être ré-
concilié avec Dieu. » Pendant les trois derniers
jours de sa vie, il a tenu constamment dans sa main

gauche (la seule qui lui restait, car il avait été
amputé du bras droit) un crucifix qu'une sœur lui
avait donné. « Je n'ose, me dit-il, l'approcher de
mes lèvres, j'ai été trop coupable et trop ingrat ;
mais je le serre dans ma main pour lui dire que je
m'attache à lui, à la vie, à la mort ! » Comme je
le félicitais de sa promotion au grade supérieur :
« Ces honneurs me flattent peu, me répondit-il ;
actuellement il n'est plus question pour moi que de
mon éternité, à laquelle il faut que je pense sérieusement. »

» Un capitaine du génie est mort entre mes
bras ; il avait été blessé dans l'une de nos dernières
affaires, et sa blessure, qui d'abord parut peu
grave, avait fini par prendre un caractère dange-
reux. Lorsque je l'abordai pour la première fois,
il n'était pas disposé à se confesser ; je continuai à
le voir et à entretenir avec lui les meilleurs rapports. Nous en étions là, lorsque, le second dimanche de mars, deux de ses amis, officiers du
même corps, vinrent lui rendre visite. Pendant la
conversation, ils s'aperçurent que le malade s'affai-
blissait graduellement ; aussitôt ils viennent me
trouver et me font part de leurs craintes : je me
rends auprès du malade, qui se décide enfin à me

faire sa confession. Je venais de le quitter pour courir à d'autres malades, lorsqu'il m'envoya chercher par son infirmier ; à dater de ce moment, il ne consentit à me voir éloigner que lorsqu'il sentait le besoin de prendre un peu de repos. Vers la fin de la soirée, il me fit appeler une dernière fois, voulut recommencer sa confession et prononça à haute voix son acte de contrition. Comme je l'engageais à baisser la voix : « Laissez-moi faire, me répondit-il, mes scandales ont été publics, il faut bien que ma réparation soit publique. » Il continua à exprimer les plus beaux sentiments et à arracher des larmes d'émotion à quinze ou vingt officiers qui se trouvaient dans la même salle que lui, jusqu'au moment où il expira doucement, les lèvres appliquées sur son crucifix. »

» Un jeune officier du 3me zouaves avait reçu à la cuisse un éclat d'obus, qui ne tarda pas à compromettre ses jours ; il vit la mort s'approcher sans plus de frayeur qu'il n'en avait éprouvé sur le champ de bataille. « C'est à mon tour maintenant, me dit-il ; il faut me confesser, monsieur l'aumônier ; mais si vous ne m'aidez pas, je ne m'en tirerai jamais. » Au moment où je lui donnais l'extrême-onction, tous les officiers de la salle se dé-

couvrirent; quand il eut rendu le dernier soupir,
un de ses voisins m'appela et me dit : « C''est une
belle chose que la religion... A quelle heure pour-
rai-je vous trouver chez vous? je désirerais me confesser... »

» Mais rien n'est comparable au spectacle que
nous a donné pendant plusieurs mois un jeune
sous-officier que la mort vient de frapper il y a à
peine quelques jours. Il appartenait à une excel-
lente famille, et jamais il n'a témoigné le moindre
mécontentement de se voir confondu avec les simples soldats dans ces vastes salles où il y a tant à
souffrir. Arrivé à l'hôpital pour soigner une simple
indisposition, il ne tarda pas à y prendre la petite
vérole. Il était guéri de cette première maladie et
se disposait à rejoindre son corps en Crimée, lorsqu'une attaque de choléra vint le mettre aux portes
du tombeau. Grace aux soins particuliers qui lui
furent accordés par le médecin et par la sœur, il
était en pleine convalescence; son sac était fait, il
devait partir pour la France à onze heures du matin, lorsque, entre neuf et dix heures, il fut pris
d'un vomissement de sang; il comprit dès lors qu'il
n'y avait plus d'espoir. Nuit et jour il était occupé
à prier. Il demanda lui-même à recevoir les sacre-

ments, et pendant la cérémonie il répondit à toutes les prières avec un accent qui attendrit tous les soldats qui en furent témoins. Il voulut, avant de mourir, recevoir le scapulaire. J'allais le voir de temps en temps, et toujours il m'exprimait le plaisir que lui causaient mes visites. « Si je m'écoutais, me disait-il, je voudrais vous faire venir à toutes les heures du jour et de la nuit ; mais vous êtes si fatigué, et puis je sens que vous devez vos instants aux nombreux malades qui sont à l'hôpital... Mais je vous en prie, quand vous venez, apprenez-moi quelque oraison jaculatoire, afin que j'aie quelque bonne pensée pour m'occuper, car je ne puis plus lire mon livre de prières. » Un jour il disait à la sœur : « Il y a un acte que je n'ai point accompli et qui serait pour moi d'une très-grande consolation. Récitez-moi, je vous prie, une formule de consécration à la sainte Vierge ; j'en répéterai toutes les paroles au fond de mon cœur. » Il redoutait beaucoup les nuits, qui lui paraissaient fort longues et lui amenaient ordinairement une augmentation de douleur. La veille de sa mort, comme je l'exhortais à la patience en lui disant que cette nuit serait peut-être moins pénible qu'il ne le pensait : « Dieu l'abrégera, » me répondit-

il d'une voix éteinte; puis il me fit un signe pour
me faire comprendre qu'il mourrait cette nuit-là,
ce qui arriva en effet. Il m'avait bien recommandé
avant sa mort d'écrire à sa pauvre mère et de lui
dire qu'il était mort dans les sentiments qu'elle
avait toujours cherché à lui inculquer !...

» Que vous dirai-je après cela de nos simples
soldats? Pour eux, mourir, recevoir les derniers
sacrements, est la chose du monde la plus simple.

» Nos pauvres soldats, victimes nécessaires du
fléau de la guerre, reconnaissent admirablement la
sollicitude dont on les entoure. Je l'ai déjà dit et je
le répète : au milieu de si ineffables misères, ils ne
se plaignent point, et même ils sentent le besoin
de contribuer par leur énergie morale au maintien
de l'esprit de soumission. On se tromperait bien si
l'on se figurait une ambulance comme un séjour de
cris de désespoir et de gémissements lamentables.
Dans le premier moment, on serait pardonnable
de se la représenter ainsi : on concevrait des regrets
et des plaintes amères dans la poitrine et sur les
lèvres de ces jeunes hommes arrachés à leur famille,
renversés sur la terre nue d'un pays inhospitalier,
se voyant mourir en détail, et sentant leurs membres se détacher pièce à pièce sous le fer aigu du

chirurgien ; mais la réflexion et surtout l'expérience ne permettent pas de juger ainsi le sanctuaire des douleurs de l'armée française.

» Voyez ce jeune tambour auquel un boulet vient de fracasser les deux bras. Quelques lambeaux de chair soutiennent encore ses mains à ses épaules ; le sang coule, les os broyés sortent par morceaux aigus à travers les chairs. Debout, il prie ses camarades de le débarrasser de son tambour ; et comme on veut le soutenir et l'accompagner à l'ambulance : « Non, mes amis, dit-il, ne quittez pas le champ de bataille ; on a besoin de vous pour résister à l'ennemi. Seul, je trouverai mon chemin. » Et il va se mettre résolument entre les mains des médecins. La blessure de ce jeune héros était cependant bien grave, puisque deux heures après il tombait sans vie.

» Voici une salle remplie de blessés. On vient d'apporter ces hommes à dos de mulets. Je les trouve étendus dans la baraque destinée à leur servir d'infirmerie. Celui-ci a un œil de moins ; celui-là tient suspendue par une bande de toile sa mâchoire fracassée ; à ce troisième il manque un bras ; le quatrième n'a plus qu'une jambe, et ainsi de suite. — Bonjour, mes enfants. — Ah ! monsieur

l'aumônier, quelle mine nous devons faire ainsi
étalés en rangs d'oignons! me répond en souriant
un pauvre garçon auquel on a coupé le bras et la
jambe. — Oh! reprend un second blessé, pleurer,
c'est bien de cela qu'il s'agit à la guerre. Nous
sommes ici pour combattre, être blessés et mourir
s'il le faut, mais sans regrets. Lorsqu'on a fait son
devoir, quelles qu'en soient les conséquences,
l'homme qui a bien agi doit s'estimer heureux.

» De chez les blessés passez chez les fiévreux.
Regardez cette belle figure pleine d'énergie, hier
encore brillante de santé : « Vous êtes donc malade, mon pauvre enfant? — Oui, monsieur l'aumônier, et bien malade encore... Je voudrais recevoir les derniers sacrements. — Mais vous n'êtes
pas encore condamné, mon enfant; je vous confes-
serai et je vous donnerai l'absolution de vos fautes,
parce que c'est utile dans tous les temps; mais pour
l'extrême-onction, nous avons le temps. — Oh!
monsieur l'aumônier, ne cherchez pas à me rassurer; je n'ai pas peur. Nous autres, pauvres gens,
qu'est-ce que ça nous fait de mourir aujourd'hui
ou dans vingt ans! Nous ne tenons pas à la vie.
Pourvu que nous ayons la conscience pure et que
nous soyons sûrs du jugement de Dieu, nous n'a-

vons rien à perdre et tout à gagner. Demandez plutôt aux camarades ; pourvu que nous ayons des
prêtres pour nous absoudre dans le danger, le gouvernement peut nous dire de nous jeter dans la
mer, il ne nous fera pas tort, et nous ne reculerons
pas. »

» Ces sentiments, je vous l'assure, sont ceux
de tous nos braves paysans élevés par des mères
chrétiennes et devenus soldats par la loi du sort.
Lorsque j'entre dans une salle de malades, s'il y en
a un seul qui, pendant la journée précédente, se
soit livré à la tristesse, tous ses camarades me l'in-
diquent à la fois. « Monsieur l'aumônier, allez donc
à celui-là ; il pense au pays, et il pleure ; relevez-
lui le courage : ce n'est pas comme cela qu'il faut
être. Nous le lui avons bien dit, mais il ne nous
écoute pas. Répétez-le-lui afin qu'il le comprenne. »
Ainsi parlent ces hommes. Ce qu'ils disent, ils le
font. Pour eux la mort n'est véritablement qu'un
passage. Aussi, continuellement en présence de
camarades qui vont mourir ou qui meurent, sous le
coup d'une maladie qui les menace eux-mêmes,
ils envisagent leur dernière heure avec une tran-
quillité indéfinissable. »

Un des caractères particuliers de la foi de ces

braves militaires, c'est une dévotion très-vive à la
sainte Vierge. Depuis les généraux en chef jusqu'aux plus simples soldats, tous aiment à porter
la médaille de la Vierge sans tache, de la Reine du
ciel. Un jour, un grand nombre d'officiers étaient
réunis dans un dîner; un jeune sous-lieutenant,
excellent chrétien, reçoit une lettre de France. Une
lettre de France! on se hâte de la lire. Il l'ouvre
donc, et voilà une médaille de la sainte Vierge qui
en tombe; il la ramasse, la met dans sa poche en
disant : « C'est un cadeau de ma sœur. — Une
médaille, s'écrie l'un d'eux, je la porte, moi, et
la voici. — Et moi aussi! et moi aussi! s'écrient-ils
tous à l'envi en découvrant leur poitrine pour en
donner la preuve. »

Un grand nombre de militaires se sont aussi re-
vêtus de la livrée de Marie et portent le scapulaire.
La prière *Souvenez-vous* est pour beaucoup la prière
favorite au moment du combat et sous le feu meurtrier de l'ennemi. Marie, la protectrice de la France,
a été aussi évidemment la protectrice de nos armes.

Outre les aumôniers, la religion présentait, pour
le soulagement des innombrables souffrances que
fait la guerre, ces anges terrestres qu'on appelle
filles de Saint-Vincent de Paul. A Varna, à Gal-

lipoli, à Constantinople, en Crimée, ces jeunes vierges, la plupart distinguées par la naissance et l'éducation, se sont montrées constamment à la hauteur de leur sublime mission, au milieu des situations les plus affreuses et des tableaux les plus déchirants. Avec un calme et une sérénité célestes, elles prodiguaient, partout et à tous, leurs soins, leurs veilles et leurs consolations. Chacun de leurs pas était marqué par un bienfait, et les nombreux témoins de leur charité si douce, si active, si intelligente, à quelque nation et à quelque religion qu'ils appartinssent, restaient stupéfaits d'étonnement et rendaient d'éclatants hommages à une vertu qui leur paraissait à tous surhumaine. Les Turcs, les Anglais, les Grecs, les Russes eux-mêmes, dont elles soignaient les prisonniers malades et blessés, ne savaient comment exprimer leur admiration et leur reconnaissance.

Les journaux de Londres ne tarissaient pas d'éloges sur ces anges secourables que le Ciel envoyait au secours de toutes les infortunes et de toutes les souffrances. *Nous n'avons rien de semblable*, répétaient-ils ; et ils purent le répéter encore, après la tentative qui fut faite par quelques anglaises dévouées et qui n'aboutit à aucun résultat. Les sœurs de Saint-Vincent de Paul, que le sultan Abdul-Medjid lui-même appelle *les anges de la miséricorde*, sont des fruits de la religion catholique.

Quatre-vingts de ces héroïnes de la charité furent envoyées en Orient, et toujours une nouvelle phalange vint combler les vides que la mort faisait dans leurs rangs. En Crimée, elles demandèrent même de se rendre sur les champs de bataille pour pouvoir administrer des secours plus prompts aux blessés : mais le général en chef ne voulut point y consentir, afin de ne pas exposer des existences si précieuses aux chances des combats, et de ne pas priver les ambulances de l'armée d'un dévouement que rien ne peut ni égaler ni remplacer.

Le corps médical montra aussi pendant toute la durée de la campagne un dévouement incomparable. On ne peut se faire une idée de ce qu'il a fallu d'énergie, de constance, d'abnégation, de résolution, de calme et d'héroïsme pour faire face aux besoins incessants du service. Plusieurs de ces généreux médecins ont trouvé une mort à jamais honorable au milieu de leurs infatigables travaux. Tous se sont distingués par une science intelligente et un amour de l'humanité qui a concilié au corps médical français les suffrages de toutes les nations.

VIII

Nouvelle organisation de l'armée assiégeante.
Affaires du 22 et 23 mai. — Expédition dans la mer d'Azof.

Le moment était arrivé de frapper de grands
coups. Le général Pélissier, qui conservait, malgré ses soixante années, l'entrain, l'activité et la
vigueur de la jeunesse, avait résolu de presser
vivement le point le plus vulnérable de la place,
le faubourg de la Marine ou de Karabelnaïa. Le
Redan, la tour Malakoff, les redoutes Shelin-
ghinsk, Volhynie et du mamelon Vert, défen-
daient ce faubourg. C'étaient donc contre ces ouvrages qu'il fallait diriger les principaux efforts.

L'armée était en excellent état ; elle avait reçu
des renforts considérables, ainsi que l'armée anglaise, qui comptait environ quarante mille
hommes. Omér Pacha avait amené vingt-cinq mille

8

Turcs d'élite, et par suite d'une convention avec
les États sardes, quinze mille piémontais étaient
venus se joindre à l'armée.

Le général Pélissier se trouvait à la tête de cent
quarante mille hommes. La composition de l'armée française avait subi plusieurs modifications, et
se trouvait organisée en trois corps, dont un de
réserve [1].

[1] Voici le détail de cette organisation :

Pélissier, général de division, commandant en chef.

Au grand quartier-général étaient attachés le général de Martinprey, comme chef d'état-major. Le général Thiry commandait l'artillerie de l'armée; le général Niel, le génie.

PREMIER CORPS.

Général de division de Salles, Commandant. Chef d'état-major,
général Rivet; artillerie, général Lebœuf; génie, général Da-
lesmes.

Première division d'infanterie : Général de division d'Autemarre. — 1re brigade, général Niol, 3me bataillon de chasseurs
à pied, 19me et 26me régiments de ligne. — 2me brigade, général Lebreton, 39me et 74me de ligne.

Deuxième division d'infanterie : Général de division Levaillant. — 1re brigade, général de la Motte-Rouge, 9me bataillon
de chasseurs à pied, 21me et 42me de ligne. — 2me brigade,
général Coustou, 40me et 80me de ligne.

Troisième division d'infanterie : Général de division Paté.
— 1re brigade, général Beuret, 6me bataillon de chasseurs à
pied, 28me et 98me de ligne. — 2me brigade, général Bazaine,
1er et 2me régiments de la 1re légion étrangère.

Quatrième division d'infanterie : Général de division Bonat.
— 1re brigade, général Faucheux, 10me bataillon de chasseurs

De leur côté, les Russes redoublaient d'activité et reportaient leurs plus grands efforts vers le fort

à pied, 18me et 79me de ligne. — 2me brigade, général Duval. 11me et 43me de ligne.

Division de cavalerie : Général de division Morris. — 1re brigade, général Cassaignolles, 1er et 3me régiments de chasseurs d'Afrique. — 2me brigade, général Féray, 2me et 4me régiments de chasseurs d'Afrique.

DEUXIÈME CORPS.

Bosquet, général de division, Commandant. Général Courtot de Cissey, chef d'état-major ; général Beuret, commandant l'artillerie ; colonel Frossard, commandant le génie.

Première division d'infanterie : Canrobert, général de division. — 1re brigade, général Espinasse, 1er bataillon de chasseurs à pied. 1er zouaves, 7me de ligne. — 2me brigade, général Vinoy, 20me et 27me de ligne.

Deuxième division d'infanterie : Camou, général de division. — 1re brigade, général Wimpffen, tirailleurs algériens, 3me zouaves, 50me de ligne. — 2me brigade, général Vergé, 2me bataillon de chasseurs à pied, 6me et 82me de ligne.

Troisième division d'infanterie : Mayran, général de division. — 1re brigade, général de Lavarande, 19me bataillon de chasseurs à pied, 2me zouaves, 4me infanterie de marine. — 2me brigade, général de Failly. 95me et 97me de ligne.

Quatrième division d'infanterie : Dulac, général de division. — 1re brigade, général de Saint-Pol, 17me bataillon de chasseurs à pied, 57me et 85me de ligne. — 2me brigade, général Bisson, 10me et 61me de ligne.

Cinquième division d'infanterie : Brunet, général de division. — 1re brigade, général Cœur, 4me bataillon de chasseurs à pied, 86me et 100me de ligne. — 2me brigade, général Lafont de Villers, 46me et 91me de ligne.

Division de cavalerie : D'Allonville, général de division.

de la Quarantaine, qu'ils voulaient relier avec le bastion central.

Il fallait arrêter leurs travaux, les en déloger et s'en emparer. Dans la nuit du 21 au 22 mai, le général de division Paté fut chargé de cette opération, sous la direction du général de Salles. Nos troupes trouvèrent l'ennemi préparé à les recevoir. L'action s'engagea avec une impétuosité

— 1re brigade, général . ...., 1er et 4me hussards. — 2me brigade, général de Champeron, 6me et 7me dragons.

TROISIÈME CORPS. — RÉSERVE.

Regnault de Saint-Jean D'Angély, général de division, commandant; colonel de Vaudrimey, chef d'état-major ; Soleille, commandant l'artillerie.

Première division d'infanterie : Herbillon , général de division. — 1re brigade, général de Marguenat, 14me bataillon de chasseurs à pied, 47me et 52me de ligne. — 2me brigade, général Cler, 63me et 73me de ligne.

Deuxième division d'infanterie : D'Aurelle, général de division. — 1re brigade, général Montenard, 7me bataillon de chasseurs à pied, 9me et 32me de ligne. — 2me brigade, général Perrin-Jonquière, 15me et 96me de ligne.

Division de la garde impériale : Général Mellinet, commandant. — 1re brigade, général Uhrich, zouaves, 1er et 2me régiments de voltigeurs. — 2me brigade, général Pontevès chasseurs, 1er et 2me régiments de grenadiers, gendarmes.

Brigade de cavalerie de réserve : Général de Forton, 6me et 9me cuirassiers.

Des parcs d'artillerie, des détachements du corps du génie et des équipages militaires étaient attachés à chaque division.

indicible. Au bout de quelques minutes, toutes les embuscades de droite étaient entre nos mains. Les vieux soldats de la légion étrangère avaient tout enlevé, et, soutenus par le 28me de ligne, ils s'établissaient en avant des ouvrages russes et couvraient nos travailleurs. Mais des masses formidables ne tardèrent pas à déboucher du ravin de la Quarantaine, à entrer en action et à disputer le terrain avec un rare acharnement. Les deux bataillons du 28me, le bataillon du 18me, les voltigeurs de la garde furent successivement engagés, et cette lutte héroïque dura jusqu'au matin; cinq fois les embuscades les plus éloignées furent prises et reprises par les Russes et par nos troupes. Ces mêlées à la baïonnette furent terribles. Deux autres bataillons des voltigeurs de la garde, le 9me de chasseurs à pied et le 80me de ligne furent encore appelés sur le champ du combat, les uns pour y prendre part, les autres pour relever les morts et les blessés; tous firent leur devoir.

Au milieu de cette lutte sanglante et glorieuse, les travaux du génie ne pouvaient s'organiser. Nous dûmes détruire les ouvrages de l'ennemi, de manière à ce qu'il ne pût s'y maintenir lui-même le lendemain; et force fut de remettre à la nuit suivante le second acte de notre entreprise. Aux premières lueurs du jour, les Russes avaient cessé de combattre, et nos bataillons rentrèrent dans la tranchée.

A l'attaque de gauche, les embuscades furent enlevées avec la même impétuosité. Là encore les Russes revinrent à la charge avec une tenacité extraordinaire. De nombreux assauts furent livrés, où l'on s'aborda à la baïonnette; mais, au bout de deux heures, l'ennemi découragé opéra sa retraite, et le génie installa solidement les travaux dans la gabionnade russe, qui devint définitivement notre conquête.

La nuit suivante, il fallait achever ce qui avait été entamé avec tant de vigueur. Le général de division Levaillant fut chargé d'accomplir cette tâche avec dix bataillons, dont deux de voltigeurs de la garde comme réserve. Quatre de ces bataillons, aux ordres du général Couston, étaient chargés de couvrir la conquête de la veille à l'extrême gauche. Les six autres, commandés par le général Duval, devaient, sur la droite, reprendre la gabionnade parallèle au grand mur du cimetière, battre l'ennemi et permettre au génie d'assurer l'établissement définitif.

L'action s'engagea à la même heure que la veille. L'élan de ces braves bataillons, appartenant au 46me, au 98me, au 14me, au 80me, fut irrésistible. Les embuscades furent tournées et enlevées ; l'ennemi, partout enfoncé, se retira en entretenant une fusillade, qui s'apaisa cependant peu à peu et qui finit par s'éteindre. Le génie put aussitôt commencer les travaux et les pousser, malgré la mitraille et les projectiles de toute nature lancés par la place. Le colonel Guérin et le commandant Durand de Villers ont dirigé les soldats du génie avec autant d'intelligence que de vigueur. Le succès a coûté cher, mais a été complet. L'ennemi a eu environ six mille hommes hors de combat, et notre armée deux mille. Divers incidents, qui signalent toujours d'une manière funeste ces combats de nuit, augmentèrent les pertes. « Aucune parole, dit un témoin oculaire, ne saurait décrire ces luttes, éclairées seulement par la lueur du canon et les feux de la mousqueterie ; ces soldats qui se pressaient dans les tranchées ; les cris d'ardeur des uns, les gémissements des blessés, le sifflement du fer et des balles ; nul ne pourrait raconter ce tournoiement d'une troupe que la mitraille brise, et qui, courageusement ramenée par ses officiers, revient à la charge et reste maîtresse du terrain si chèrement disputé ; peindre l'incertitude qui règne par moment, car ces étranges clartés ne permettent pas toujours de distinguer l'ami de l'ennemi. Les corps qui souffrirent le plus dans ce combat, qui avait pris les proportions d'une bataille, furent les voltigeurs de la garde, la légion étrangère et les bataillons de chasseurs. »

Le même jour eut lieu le départ d'une partie de la flotte pour la mer d'Azof ; l'expédition fut habilement conduite par le vice-amiral Bruat et le vice-amiral Lyons. Trois mille cinq cents anglais, sous les ordres du général Brown ; la première division française du premier corps de siége, commandée par le général d'Autemarre, et cinq mille turcs, formaient l'armée expéditionnaire. En quelques jours, la mer d'Azof fut au pouvoir des alliés, les villes de Kertch et d'Iénikalé furent abandonnées par les Russes, et Taganrog bombardé par la flotte. Les résultats de cette expédition eurent une grande importance, surtout en ce qu'ils arrêtèrent et détruisirent des masses considérables d'approvisionnements, destinés au ravitaillement de Sébastopol, et que la marine russe perdit le refuge qui lui était resté jusque-là dans la mer d'Azof.

IX

Prise du mamelon Vert.
Les Anglais s'emparent de l'ouvrage dit des Carrières.
Morts glorieuses du colonel de Brancion,
du colonel Hardy, — du général de Lavarande.

Cependant tout se disposait devant Sébastopol
pour une attaque générale. On voulait d'abord em-
porter de force le mamelon Vert, le Redan, la tour
Malakoff et les bastions de la baie du Carénage. Le
6 juin, le feu des batteries françaises et anglaises
s'ouvrit avec un redoublement de violence sur tous
les ouvrages et sur le corps de la place; la riposte
de l'ennemi fut très-vive, et dura toute la journée
et la nuit suivante. Le 7, de grand matin, les divisions Camou, Mayran, Dulac et Brunet, sous les
ordres du général Bosquet, se mirent en mouvement; les divisions Mayran et Dulac étaient dirigées contre les ouvrages appelés *blancs* ou du 22 *et*

9

23 *février*, les divisions Camou et Brunet contre
le mamelon Vert. Les Anglais devaient porter leurs
efforts contre la redoute dite *des Carrières*, en avant
du grand Redan. « A six heures et demie, dit le
général Pélissier, dans son rapport sur cette journée
mémorable, lord Raglan était près de l'observatoire
anglais ; de mon côté, j'arrivais au retranchement
en avant de la redoute *Victoria*, d'où, ainsi que
j'en étais convenu avec sa seigneurie, je faisais
partir les fusées, signal de l'attaque. Le général
Bosquet, qui de sa personne était à la batterie voi-
sine de Lancastre, venait de recevoir les derniers
rapports. Tout était prêt ; les troupes étaient fré-
missantes d'ardeur et animées d'une confiance entière dans le succès.

» Au départ de la première fusée, la brigade de
Lavarande, son général en tête, s'élance de la deuxième parallèle du Carénage et enlève au pas de
course l'ouvrage du 23 *février*. Malgré les feux de
mitraille et de mousqueterie qui, pendant les deux
cents mètres qu'elle a à parcourir, lui font perdre
un grand nombre d'hommes, la colonne pénètre
dans la batterie par les embrasures et par les
brèches. Une lutte corps à corps s'engage sur tous
les points ; bon nombre de défenseurs sont tués sur

place, et bientôt nous restons maîtres du retranchement.

« Au même signal et avec le même élan, la brigade de Failly s'était précipitée sur l'ouvrage du **22 *février***. La distance est double, le trajet plus difficile, les feux de flanc de l'autre redoute très-meurtriers : rien n'arrête cette intrépide brigade. Elle arrive en masse compacte sur la batterie, escalade le parapet sous un feu roulant, et brise jusque dans l'intérieur de l'ouvrage la résistance désespérée de l'ennemi.

» Forcés sur ces deux points et serrés de près par les nôtres, les Russes fuient en désordre, soit vers une petite batterie construite, depuis le 2 mai, pour défendre l'embouchure du ravin du Carénage, soit vers le pont qui traverse la baie par laquelle ce ravin débouche dans le grand port de Sébastopol.

» Une partie de nos soldats, entraînés à la poursuite de l'ennemi, s'emparent de la batterie du *2 mai*, dont les pièces sont aussitôt enclouées. Toutefois, comme cette batterie se trouve à cinq cents mètres de l'ouvrage du 22 *février*, le plus éloigné de nos lignes, et qu'elle est placée sous la double protection des ouvrages de l'enceinte et des

forts du nord de la rade, il est impossible de songer
à l'occuper encore.

» Le général Mayran, voyant une colonne russe
s'avancer pour reprendre la batterie du 2 *mai*, or-
donne une charge à la baïonnette qui refoule cette
colonne dans la place et nous donne soixante prisonniers, parmi lesquels trois officiers. Il rallie ensuite ses troupes avancées, et les ramène dans les
ouvrages du 22 et du 27 *février*, qui restent définitivement en notre possession.

» Cependant les deux bataillons massés dans le
ravin du Carénage et commandés par le lieutenant-
colonel Larrouy d'Orion, étaient loin d'être restés
inactifs. Descendant le ravin au moment où l'offen-
sive se dessinait sur la crête, ils poussent jusqu'à la
hauteur du pont-aqueduc, gravissent les escarpements de la rive droite, et coupent la retraite à
l'ennemi chassé des deux premiers ouvrages. Ce
mouvement tournant, qui a été conduit avec autant de vigueur que d'habileté, nous a donné quatre
cents prisonniers, dont douze officiers.

» Pendant que ces faits se passaient du côté du
Carénage, l'action s'engageait et se poursuivait
autour du mamelon Vert avec des péripéties plus
émouvantes encore.

» Au même signal de fusées partant de la redoute Victoria, le général Wimpffen sort avec sa
brigade des tranchées, qui, de notre côté, entourent la base du mamelon Vert, c'est-à-dire de la
place d'armes de gauche et de la troisième parallèle
Victoria.

» Trois colonnes s'élancent à la fois sur l'ouvrage ennemi, enlevant deux coupures avancées
et de fortes embuscades intermédiaires. La mitraille de la redoute, les feux convergents du
grand Redan et des batteries qui sont à la gauche
de la tour Malakoff ne ralentissent pas leur marche.

» A droite, le colonel Rose, à la tête des tirailleurs algériens, s'empare d'une batterie de quatre
pièces, annexe de la redoute.

» Le colonel de Brancion, au centre, avec le
50ᵐᵉ, et le colonel de Polhès à la gauche, avec
le 3ᵐᵉ zouaves, abordent résolument la redoute
elle-même, se jettent dans le fossé, escaladent le
parapet, et frappent les canonniers russes sur leurs
pièces.

» Le colonel de Brancion, qui a eu l'honneur
de planter le premier son aigle sur la redoute, est
tombé dans cette attaque sous la mitraille ennemie,
glorieusement enseveli dans son triomphe.

» L'ordre formel avait été donné de ne pas dé-
passer la gorge de l'ouvrage, et de s'y créer aussitôt un logement contre les feux et les tentatives de
la place.

» Mais, entraînés par leur ardeur, nos soldats
poursuivent les Russes jusqu'au fossé de la batterie
Malakoff, à quatre cents mètres environ de la
redoute, et cherchent à pénétrer avec eux dans
l'enceinte. Ils sont forcés de se replier sous le feu
violent et à bout portant des réserves ennemies
garnissant les remparts. Les deux ailes de la ligne
française se rejettent en arrière, pendant que l'assiégé fait sortir de la place une forte colonne de
troupes fraîches qui marche droit sur notre centre.

» La redoute du mamelon Vert ne pouvait en
ce moment offrir aucun abri. Des explosions faisaient craindre que le sol ne fût miné. L'intérieur
de l'ouvrage n'était pas tenable ; les généraux Brunet et Vergé arrivent avec leurs brigades. La brigade Vergé, formée en colonne sous le feu de
l'ennemi, gravit la pente en battant la charge, et
rallie les troupes de la brigade Wimpffen. La position est emportée ; et l'ennemi, refoulé une seconde
fois dans la place, nous laisse maîtres du mamelon
Vert.

» Les Anglais, de leur côté, s'emparèrent de l'ouvrage des *Carrières*, et s'y maintinrent toute la nuit, sous un feu terrible et malgré les fréquentes sorties d'une partie de la garnison. »

Cette victoire du 7 juin coûta aux alliés environ deux mille cinq cents hommes mis hors de combat. La France y perdit des officiers de mérite et de la plus belle espérance ; outre le colonel de Brancion, mort héroïquement, au moment où il plantait le drapeau de son régiment au faîte du mamelon, elle eut à regretter le colonel Hardy, du 86me de ligne, modèle de bravoure et d'honneur. Fils d'un officier-général, il avait conservé les belles et nobles traditions. En Afrique, il avait pris part à vingt-deux combats ; homme de cœur, profondément religieux, ami des arts, il réunissait toutes les qualités qui font les véritables héros. Le jeune général de Lavarande, qui avait puissamment contribué à la prise de la redoute Volhynie, sans recevoir une seule blessure, eut, dans la matinée du 8, la tête emportée par un boulet de canon. Agé seulement de quarante-trois ans, le général de Lavarande avait fait ses preuves par treize ans de campagne en Afrique ; il s'était distingué devant Sébastopol comme colonel du 1er zouaves, et il n'y avait que

deux mois qu'il avait été promu au grade de général. Pour honorer sa mémoire, le général Pélissier décida que les ouvrages *blancs* prendraient le
nom de *Lavarande*. Il voulut aussi que le mamelon Vert fût désormais appelé la redoute
Brancion.

X

Attaques du 18 juin.
Mort du général Brunet et du général Mayran.
Mort du général la Marmora. — Mort de lord Raglan.
Le général Simpson lui succède.
Bataille de Traktir.

La pensée de toute l'armée était portée vers l'assaut. Un frémissement d'impatience circulait dans les rangs, et le général en chef, ayant arrêté le moment de l'attaque, voulut par un ordre du jour régler l'excessive impétuosité du soldat, qui avait été, dans les précédentes affaires, l'occasion de pertes sensibles.

Le 18 juin, après un feu très-vif d'artillerie, auquel l'ennemi, soit par ruse, soit pour ménager ses provisions, répondit mollement, l'assaut de Malakoff par les Français, et du grand Redan par les Anglais, fut décidé. La division Mayran devait enlever les retranchements du Carénage ; la division Brunet, tourner Malakoff par la droite, et la division d'Autemarre par la gauche. La division de la garde était massée en arrière, formant la réserve des trois attaques.

Le général Pélissier avait choisi son poste à la batterie Lancastre, et c'est de là qu'il devait, à trois heures du matin, donner le signal par une fusée. Il était encore à plus de mille mètres de cette batterie, quand une mousqueterie ardente se fit entendre.

Un peu avant trois heures, le général Mayran avait cru voir le feu de signal dans une bombe à trace fusante, lancée de la redoute Brancion.

Ce brave et malheureux général donna l'ordre de commencer l'attaque. Les colonnes Saurin et de Failly s'élancèrent aussitôt : le premier élan fut magnifique ; mais à peine ces têtes de colonnes furent-elles en marche, qu'une pluie de balles et de mitraille vint les assaillir. Cette mitraille accablante partait non-seulement des ouvrages, mais aussi des *steamers* ennemis, qui accoururent à toute vapeur et manœuvrèrent avec autant de bonheur que d'adresse. Ce feu prodigieux arrêta l'effort de nos troupes. Il devint impossible aux soldats de marcher en avant; c'est alors que le général Mayran, déjà atteint deux fois, fut abattu par un coup de mitraille et dut quitter le commandement de sa division.

Tout cela avait été l'œuvre d'un moment, et le général Mayran était déjà emporté du champ de bataille, lorsque du terre-plein de la batterie Lancastre le signal fut donné. Les autres troupes s'engagent alors pour appuyer le mouvement prématuré de la division de droite. Cette vaillante division, un instant désunie par la perte de son général, se rallie promptement à la voix du général de Failly, et est soutenue par les bataillons de la garde.

L'attaque du centre n'avait pas eu un meilleur sort. Le général Brunet n'avait pu encore compléter toutes ses dispositions, lorsque la gerbe de fusées qui devait servir de signal brilla dans les airs. Déjà, et depuis vingt à vingt-cinq minutes, toute la droite était prématurément engagée. Toutefois ses troupes marchèrent avec résolution; mais leur valeur vint échouer contre le feu nourri des Russes et contre des obstacles imprévus. Dès le début, le général Brunet fut mortellement frappé d'une balle en pleine poitrine.

A la gauche, le général d'Autemarre n'avait pu s'engager avant la division Brunet ; il ne pouvait d'ailleurs se rendre compte de la fusillade hâtive qu'il entendait dans la direction du Carénage. Mais, au signal convenu pour l'assaut, il lança avec impétuosité le 5° chasseurs à pied et le 1er bataillon du 19° de ligne, qui, en suivant la crête du ravin de Karabelnaïa, parvinrent jusqu'au retranchement qui le relie à la tour Malakoff, franchirent ce retranchement et entrèrent ainsi dans l'enceinte même. Déjà les sapeurs du génie disposaient les échelles pour le surplus du 19° et pour le 26° régiment, dont le général d'Autemarre précipitait le mouvement, à la suite de sa valeureuse tête de colonne. Un instant on put croire au succès. Malheureusement, cet espoir dut promptement disparaître.

Les Anglais, de leur côté, avaient rencontré de tels obstacles dans leur attaque du grand Redan, et ils avaient essuyé de tels feux de mitraille, que, malgré leur ténacité bien connue, ils avaient déjà été obligés de prononcer leur mouvement de retraite. Tel était l'élan de nos troupes que, nonobstant cette circonstance, elles auraient poussé en avant et continué à charger à fond l'ennemi ; mais le manque de simultanéité dans l'attaque laissa les Russes libres de nous accabler avec les réserves et l'artillerie du grand Redan, et l'ennemi ne perdit pas un instant pour diriger sur les chasseurs à pied toutes les autres réserves de Karabelnaïa.

Devant des forces aussi imposantes, le commandant Garnier, du 5e bataillon, déjà frappé de cinq coups de feu, chercha, mais en vain, à conserver le terrain conquis. Obligé de plier sous le nombre, il repassa le retranchement. Le général Niol rallia sa brigade, renforcée du 39e de ligne; on voulut tenter un nouveau mouvement offensif pour assurer le succès de ce suprême effort, mais la chance du succès était trop douteuse, et à huit heures et demie l'ordre de la retraite fut donné.

Les Anglais, après leur vaine tentative, qui leur avait coûté trois généraux et un grand nombre d'officiers, étaient rentrés dans leurs retranchements. « Jamais, dit lord Raglan, je n'ai été témoin d'un feu continu de mitraille, combiné avec la mousqueterie, aussi violent que celui qui venait des ouvrages ennemis. »

Le général d'Autemarre tenait toujours bon avec ses hommes sous un feu effroyable derrière une ancienne redoute russe. Les soldats exécutaient tous ses ordres sans broncher, et au milieu de pertes affreuses. Ils ne se replièrent sur les lignes françaises qu'après avoir supporté pendant plus de trois heures la mitraille, les bombes et la mousqueterie.

Nos pertes s'élevèrent à environ quatre mille hommes mis hors de combat; celle des Anglais à quinze cents hommes. Les Russes eurent aussi de trois à quatre mille hommes tués ou blessés.

Le général de division Brunet, qui périt si glorieusement dans cette malheureuse affaire, était né en 1803; il faisait partie de l'illustre phalange des vaillants officiers formés sur notre terre d'Afrique; il s'était distingué dès son arrivée en Crimée, et avait contribué d'une manière brillante à la prise du mamelon Vert.

Le général Mayran, né en 1802, avait parcouru une brillante carrière militaire : nommé général de division depuis cinq mois, il s'était fait admirer et aimer par sa vaillance et par l'aménité de son caractère. Ses blessures étaient mortelles, et il succomba dans la nuit du 21 au 22 juin. Au mois de mai 1854, il avait été placé à la tête de la brigade expéditionnaire du Pirée, et il sut, par la sagesse et la fermeté de sa conduite, tenir en

respect les Grecs et s'en faire estimer. Lorsque le
choléra sévit au Pirée, il y appela des sœurs de
Charité, qui y organisèrent une ambulance. La
lettre qu'il écrivit à ce sujet, lorsque les sœurs
retournèrent à Smyrne, honore également et le
général et celles qui en sont l'objet.

« Je ne vous laisserai pas quitter le Pirée sans
» vous remercier d'avoir bien voulu y venir, sur
» la demande que j'en avais adressée à Smyrne,
» au plus fort des calamités qui affligeaient nos
» pauvres soldats. Le choléra sévissait parmi nous
» avec une rigueur pour ainsi dire sans exemple.
» Nous vous avons fait appel, et trois jours après
» vous étiez ici avec six de vos bonnes sœurs,
» nous prodiguant tous les soins, tout le dévoue-
» ment qu'on est habitué à rencontrer dans les
» membres de votre sainte communauté. — Votre
» présence nous est venue grandement en aide
» pour venir en aide à tout le monde. Graces vous
» en soient rendues, ma très-chère sœur! je vous
» en exprime toute ma reconnaissance. Veuillez,
» je vous prie, l'agréer en mon nom et au nom de
» tout le corps d'occupation que je commande. Le
» bon souvenir que vous nous laissez, ma très-
» chère sœur, ne s'effacera jamais. »

Le digne général reçut lui-même à son départ d'Athènes une vive expression de la reconnaissance des autorités grecques, pour sa noble conduite pendant l'épidémie qui fit tant de victimes.

L'armée eut aussi à déplorer la perte du lieutenant-colonel d'artillerie la Boussinière, qui reçut un biscaïen dans le cœur, en marchant sur le revers d'une tranchée obstruée de soldats ; du lieutenant-colonel de Cendrecourt, commandant le 4 ^{me} régiment d'infanterie de marine, deux officiers du plus grand mérite et d'une valeur à toute épreuve.

Après l'échec du 18 juin, qui avait coûté si cher, mais qui en définitive avait eu pour résultat de nous approcher de la place et de la tour Malakoff, on commença à établir des contre-ouvrages et de nouveaux cheminements, afin de se mettre à l'abri des batteries russes qui nous prenaient à revers, et des cruelles bordées que les vaisseaux embossés dans la rade envoyaient dans nos flancs. Le général Bosquet, qui avait été appelé à former le corps d'observation, fut rappelé au commandement des attaques.

Cependant la mort faisait toujours de nouvelles victimes autrement que par le feu ennemi. Le général Alexandre de la Marmora, commandant la

deuxième division Sarde, succomba aux fatigues
de la campagne ; le chef de bataillon d'Anglars,
commandant de place Kamiesch, fut frappé du
fléau régnant, ainsi qu'un nombre considérable de
nos braves soldats. Le général en chef de l'armée
anglaise, lord Raglan, mourut le 28 juin d'une
violente attaque de choléra. Fitz-roi Somerset,
lord Raglan, fils du duc de Beaufort, était âgé
de soixante-sept ans ; il avait fait les guerres d'Espagne sous l'Empire. A vingt-deux ans il était aide
de camp du duc de Wellington et il avait perdu
un bras à la bataille de Waterloo. Il avait été
nommé feld-maréchal à la suite des batailles de
l'Alma et d'Inkermann. Les merveilles de valeur
accomplies par les troupes françaises lui inspiraient
une admiration sincère, et il appréciait le concours
souvent salutaire et décisif que nos colonnes portaient à ses bataillons. Un jour, après un de ces
secours venus si à propos, il s'écria : « Les Français m'ont pris un bras à Waterloo, ils viennent
de me le rendre ! »

Le chef d'état-major général, James Simpson,
prit le commandement en chef de l'armée anglaise,
qui, dans les premiers jours de juillet, fut renforcée par trois brigades de belle cavalerie. L'armée

française, de son côté, recevait de nombreuses troupes fraîches; un matériel prodigieux s'amoncelait
autour de la place et annonçait la proximité d'un
héroïque effort. Les Russes s'y attendaient et ten-
tèrent par de nouvelles sorties d'arrêter les travaux
et de retarder l'assaut. Dans la nuit du 14 au 15,
du 17 au 18 juillet et du 2 août, des combats
furent livrés à la gauche de la tour Malakoff, à la
redoute Victoria et aux lignes anglaises. L'avantage resta aux troupes alliées.

Quelques modifications eurent lieu dans les commandements des divisions et des brigades françaises [1]. Le général Canrobert, toujours souffrant

[1] Voici les changements qui eurent lieu dans l'état-major :

Le général Mac-Mahon remplaça le général Canrobert dans le
commandement de la 1re division du 2me corps.

Le général Faucheux prit le commandement de la 3me division 2me corps, en remplacement du général Mayran, tué.

Le général de la Motte-Rouge. — 5me division 2me corps, en
remplacement du général Brunet, tué.

Le général Duprat de Larroquette. — 2me brigade, 4me division 1er corps, en remplacement du général Duval, rentré en
France.

Le général Latrille de Lorencez. — 1re brigade, 5me division
2me corps, en remplacement du général Cœur, rentré en France.

Le général Manèque. — 1re brigade, 3me division 2me corps,
en remplacement du général de Lavarande, tué.

Le général Sencier. — 1re brigade, 1re division, corps de
réserve, en remplacement du général de Marguenat, rentré en
France.

d'une ophtalmie opiniâtre et dont la santé était excessivement fatiguée, dut nécessairement se déterminer à prendre du repos.

Malgré leurs pertes, les Russes faisaient bonne contenance, et leurs feux, de jour et de nuit, ne discontinuaient pas. Dans les ténèbres, la scène était magnifique d'horreur : les bombes se croisaient, les boulets et les grenades déchiraient l'air à toute minute; c'étaient de toutes parts des lignes de feu, qui portaient la foudre et la mort. Les ingénieurs russes ne se fatiguaient pas de leur côté d'entreprendre de nouveaux travaux, et à peine une redoute était-elle enlevée qu'on se trouvait en présence d'un autre ouvrage plus formidable·

Le général Gortschakoff voulut aussi tenter un grand coup pour dégager les approches de la place, et le 16 août, vers quatre heures du matin, à la tête de soixante mille hommes, il se porta en avan sur les tranchées françaises. Favorisées par une brume épaisse, les 7e et 12e divisions russes, commandées par le général Read, traversent la Tchernaïa sur le pont de Traktir, ou passent la rivière à l'aide d'échelles et de pont volant, et gravissent les monts Fediou-Chîne. Le général d'Herbillon est bientôt disposé à les recevoir; la division Faucheux

et la brigade de Failly s'élancent et repoussent avec
vigueur les ennemis qui se replient en désordre et
repassent précipitamment la Tchernaïa.

La 5e division russe arrive au pas de course pour
soutenir la colonne en déroute ; mais elle est cul-
butée à son tour. Le général Read, le général-
major de Weimarn tombent morts côte à côte, et
le prince Gortschakoff, qui prend en personne le
commandement, ne peut parvenir à rallier ses soldats découragés. Les attaques à l'extrême droite et
à l'extrême gauche, sous les ordres du général
Liprandi, n'ayant pas eu plus de résultat, le général Gortschakoff fit sonner la retraite et regagna la
montagne Mackensie, laissant les bords et le lit de
la rivière encombrés de plus de deux mille cinq
cents des siens ; il eut environ deux mille blessés,
qui, suivant les nobles traditions françaises, furent
recueillis et soignés dans nos ambulances. La perte
des alliés fut d'environ deux mille hommes hors de
combat. Cette victoire prit le nom de la Tchernaïa
ou de Traktir.

A la suite de la bataille, il n'y eut ni repos ni
trève dans les feux de la place et des assiégeants.
Dans la nuit du 22 au 23 août, les Français enlevèrent une embuscade sur les glacis de Malakoff.

Cinq cents Russes sortirent pour la reprendre, mais ils furent repoussés avec une perte considérable. Le génie et l'artillerie faisaient chaque jour de nouveaux progrès, et les tranchées françaises étaient arrivées si près de Malakoff, que les Russes jetaient des grappins pour renverser les gabions. Les incendies s'allumaient dans la place et dans la flotte. Le vaisseau à deux ponts *l'Impératrice*, et une frégate russe, atteints l'un par une fusée, l'autre par une bombe, avaient brûlé au milieu du grand bassin. Les troupes demandaient à grands cris l'assaut; il eût été difficile de modérer leur ardeur, l'heure de Sébastopol allait sonner.

XI

Assaut de la tour Malakoff, — du grand Redan,
du bastion Central.
Combat à outrance. — Mort de plusieurs généraux.
Les Français restent maîtres de Malakoff. — Les Russes évacuent
Sébastopol et se retirent dans les forts du nord.

Aux attaques de la ville, les cheminements étaient arrivés à quarante mètres du bastion Central, et à trente mètres du bastion du Mât.

Aux attaques du faubourg de Karabelnaïa, les Anglais, arrêtés par les difficultés du terrain et par le feu de l'artillerie ennemie, n'avaient pu arriver qu'à environ deux cents mètres du grand Redan.

Devant le front de Malakoff, les travaux du génie s'étaient avancés jusqu'à vingt-cinq mètres de l'enceinte de la tour, et à la même distance du petit Redan.

Dans la matinée du 8 septembre, l'artillerie de nos attaques de gauche, qui n'avait pas cessé son feu depuis le 5, écrasa l'ennemi de ses projectiles avec plus de violence encore.

Un peu avant midi, toutes les troupes étaient parfaitement en ordre sur les points indiqués. Le général de Salles était prêt; le général Bosquet était au poste de combat qu'il avait choisi dans la 6me parallèle, et le général en chef était arrivé, avec les généraux Thiry, de l'artillerie; Niel, du génie, et de Martinprey, chef d'état-major général, à la redoute Brancion, qu'il avait prise pour quartier-général.

Les montres avaient été réglées. A midi juste, toutes les batteries cessèrent de tonner pour reprendre un tir plus allongé sur les réserves de l'ennemi.

La 1re brigade de la division Mac-Mahon, le 1er de zouaves en tête, suivi du 6e de ligne, ayant à sa gauche le 4e chasseurs à pied, s'élance contre la face gauche et le saillant de l'ouvrage Malakoff. La largeur et la profondeur du fossé, la hauteur et l'escarpement des talus rendent l'ascension extrêmement difficile pour nos hommes; mais enfin ils parviennent sur le parapet, garni de Russes qui se font tuer sur place, et qui, à défaut de fusil, se font arme de pioches, de pierres, d'écouvillons, de tout ce qu'ils trouvent sous leur main. Il y eut là une lutte corps à corps, un de ces combats émouvants dans lequel l'intrépidité de nos soldats et de leurs chefs pouvait seule leur donner le dessus. Ils sautent aussitôt dans l'ouvrage, refoulent les Russes qui continuent de résister, et, peu d'instants après, le drapeau de la France était planté sur Malakoff pour ne plus en être arraché.

A droite et au centre, avec ce même élan qui avait renversé tous les obstacles et refoulé au loin l'ennemi, les divisions Dulac et de la Motte-Rouge, entraînées par leurs chefs, s'étaient emparées du petit redan, du Carénage et de la courtine, en poussant même jusque sur la seconde enceinte en construction. Partout nous étions en possession des ouvrages attaqués. Mais ce premier et éclatant succès avait failli nous coûter bien cher; frappé d'un gros éclat de bombe au côté droit, le général Bosquet avait dù quitter le champ de bataille. Le général Dulac prit son commandement.

Le génie, qui avait marché avec les colonnes d'assaut, était déjà à l'œuvre, comblait les fossés, ouvrait des passages, jetait les ponts. La seconde brigade du général de Mac-Mahon s'avançait rapidement pour le renforcer dans Malakoff. Le signal convenu fut alors donné au général Simpson pour l'attaque du grand Redan, et un peu plus tard pour l'attaque de la ville.

Les Anglais avaient deux cents mètres à franchir sous un terrible feu de mitraille. Cet espace fut bientôt jonché de morts; néanmoins, ces pertes n'arrêtaient pas la marche de la colonne d'attaque qui arrivait en se dirigeant sur la capitale de l'ouvrage. Elle descendit dans le fossé, qui a près de cinq mètres de profondeur, et, malgré tous les efforts des Russes, elle escalada l'escarpe et enleva le saillant du Redan. Là, après un premier engagement qui coûta cher aux Russes, les soldats anglais ne trouvaient devant eux qu'un vaste espace libre criblé par les balles de l'ennemi, qui se tenait abrité derrière des traverses éloignées. Ceux qui arrivaient remplaçaient à peine ceux qui étaient mis hors de combat. Après avoir soutenu pendant près de deux heures ce combat inégal, les Anglais se décidèrent à évacuer le Redan.

Cependant, à la gauche, les colonnes de la division Levaillant, commandées par les généraux Couston et Trochu, se précipitaient tête baissée sur le flanc gauche du bastion Central et la lunette de gauche. Malgré une grêle de balles et de projectiles et après une lutte très-vive, l'élan et la vigueur de nos troupes triomphent de la résistance de l'ennemi, et malgré les difficultés accumulées devant elles, pénètrent dans les deux ouvrages. Mais l'ennemi, replié derrière des traverses successives, tenait ferme partout. Une fusillade meurtrière partait de toutes les crêtes; des pièces démasquées au moment même et des canons de campagne amenés sur plusieurs points vomissaient la mitraille et décimaient les nôtres. Les généraux Couston et Trochu, qui venaient d'être blessés, avaient dû remettre leur commandement; les généraux Rivet et Breton étaient tués; plusieurs fougasses que l'ennemi fit jouer produisirent un moment d'hésitation; enfin, un retour offensif, fait par de nombreuses colonnes russes, força nos troupes à abandonner les ouvrages qu'elles avaient enlevés et à se retirer dans nos places d'armes avancées.

Nos batteries de cette partie des attaques, habilement dirigées par le général Lebœuf, modifièrent leur tir en l'activant, et forcèrent l'ennemi à s'abriter derrière ses parapets.

Cependant les Russes nous disputaient énergiquement la possession de Malakoff.

Au moyen des batteries de la Maison-en-Croix, de l'artillerie de ses vapeurs, de canons de campagne amenés sur des points favorables, et des batteries du nord de la rade, il nous inondait de mitraille, de projectiles de toute nature, et portait le ravage dans nos rangs. Le magasin à poudre de la batterie russe de la Poterne venait de faire explosion en augmentant nos pertes et en faisant disparaître un moment l'aigle du 94me. Bon nombre d'officiers supérieurs et autres étaient ou blessés ou tués : les généraux de Saint-Pol et de Marolles étaient morts glorieusement, et les généraux Mellinet, de Pontevès, Bourbaki, avaient été blessés à la tête de leur troupe. Trois fois les divisions Dulac et de la Motte-Rouge s'emparent du Redan et de la courtine, et trois fois elles sont obligées de se replier devant un feu terrible d'artillerie et devant les masses profondes qu'elles trouvent devant elles. Cependant les deux batteries de campagne en réserve au Lancastre descendent au trot, franchissent les tranchées et s'établissent audacieusement à demi-portée de canon, parviennent à éloigner les colonnes ennemies et les vapeurs. Une partie de

ces deux divisions, soutenue dans cette lutte héroïque par les troupes de la garde, s'établit alors sur
toute la gauche de la courtine.

Durant ces combats de la droite et du centre, les
Russes ne cessaient pas de redoubler d'efforts pour
reconquérir Malakoff. Cet ouvrage, qui est une sorte
de citadelle en terre de trois cent cinquante mètres
de longueur sur cent cinquante mètres de largeur,
armé de soixante deux pièces de divers calibres,
couronne un mamelon qui domine tout l'intérieur
du faubourg de Karabelnaïa, prend de revers le
Redan attaqué par les Anglais, n'est qu'à mille
deux cents mètres du port sud, et menace non-
seulement le seul mouillage resté aux vaisseaux,
mais encore la seule voie de retraite des Russes,
le pont jeté par eux d'une rive à l'autre de la
rade.

Aussi, pendant les deux premières heures de
cette lutte des deux armées, les Russes renouve-
lèrent-ils constamment leurs tentatives; mais le
général de Mac-Mahon avait reçu successivement
pour résister à ces combats incessants la brigade
Vinoy, de sa division, les zouaves de la garde, la
réserve du général de Wimpffen et une partie des
voltigeurs de la garde; partout il fit tête à l'en-

nemi, qui fut toujours repoussé. A trois heures,
le général Mac-Mahon écrivait au général Pélissier : « Je suis dans Malakoff et sûr de m'y maintenir. »

Les Russes voulurent faire cependant une tentative dernière et désespérée. formés en colonnes
profondes, ils assaillirent par trois fois la gorge de
l'ouvrage, et trois fois ils furent obligés de se retirer, avec des pertes énormes, devant la solidité de
nos troupes.

Après cette dernière lutte, qui se termina vers
cinq heures du soir, l'ennemi parut décidé à abandonner la partie, et ses batteries seules continuèrent jusqu'à la nuit à nous envoyer quelques projectiles qui ne nous firent plus beaucoup de mal.
L'ennemi, désespérant de reprendre Malakoff,
venait de s'arrêter à un grand parti : il évacuait la
ville.

Vers la fin du jour, de longues files de troupes
et de bagages défilèrent sur le pont, en se rendant
sur la rive nord : bientôt des incendies, se mani-
festant sur tous les points, levèrent tous les doutes.
L'assiégé faisait à tout moment sauter ses défenses,
ses magasins à poudre, ses édifices, ses établissements.

Le soleil, en se levant, éclaira cette œuvre de destruction; les derniers vaisseaux russes mouillés la veille dans la rade étaient coulés; le pont était replié; l'ennemi n'avait conservé que ses vapeurs, qui enlevaient les derniers fugitifs et quelques Russes exaltés qui cherchaient encore à promener l'incendie dans cette malheureuse ville. Mais bientôt ces quelques hommes, ainsi que les vapeurs, furent contraints de s'éloigner et de chercher un refuge dans les anses de la rive nord de la rade. Sébastopol était abandonné.

Les pertes de l'armée française ont été, dans cette journée, de cinq généraux tués [1], quatre blessés et

---

[1] Le général Rivet, né en 1810, se distingua en Algérie d'abord dans l'artillerie, puis dans l'arme de la cavalerie; sa bravoure et son mérite étaient connus et appréciés de tous.

Le général de Saint-Pol, né aussi en 1810, s'illustra dans l'expédition de la Kabylie à la tête du 2ᵉ régiment de la légion étrangère, puis commanda le 3ᵉ zouaves en Crimée; il était général de brigade depuis six mois.

Le général de Marolles, né en 1808, avait fait les campagnes d'Espagne, d'Afrique et d'Italie, où il prit part au siége de Rome; nommé colonel du 2ᵉ régiment des voltigeurs de la garde, il s'était fait remarquer par son intrépidité dans les combats de nuit, livrés les 22 et 23 mai. Il n'y avait qu'un mois qu'il avait été promu au grade de général de brigade.

Le général Breton, né en 1805, avait fait la campagne de

six contusionnés ; vingt-quatre officiers supérieurs tués, vingt blessés et deux disparus ; cent seize officiers subalternes tués, deux cent vingt-quatre blessés, huit disparus, et mille quatre cent quatre-vingt-neuf sous-officiers et soldats tués, quatre mille deux cent cinquante-neuf blessés et mille quatre cents disparus : total, sept mille cinq cent cinquante-un.

Les Russes abandonnèrent dans Sébastopol trois mille huit cents canons de gros et petit calibre, six machines à vapeur, cent mille boulets, bombes, etc., deux cent mille kilogrammes de poudre.

Avant de quitter la ville, le prince Gortschakoff avait demandé à prendre avec lui ses blessés. Le général Pélissier a refusé par raison d'humanité ; et les blessés russes de la ville conquise ont été soignés comme les nôtres.

Le dimanche 16 septembre, le *Te Deum* fut chanté dans les trois corps d'armée française. Le

Morée, et se distinguait par son instruction militaire autant que par sa vaillance. Sa brillante valeur à la bataille d'Inkermann l'avait fait appeler au commandement d'une brigade.

Le général de Pontèves, mort de ses blessures, était né en 1805 ; campagnes d'Espagne, d'Algérie, d'Italie ; héros chrétien, sans peur et sans reproche, il commandait à l'armée d'Orient une brigade de la garde impériale.

maréchal Pélissier, qui aimait à reporter vers l'auguste Mère de Dieu l'honneur de son triomphe, assistait à la messe d'actions de grâces, avec tout son état-major.

C'est le jour de la fête de la Nativité de la sainte Vierge, que fut remporté ce mémorable triomphe. Cette date sera désormais marquée dans les annales de la France, comme un des plus beaux jours de sa gloire militaire et comme une des preuves les plus signalées de la protection de la Reine du ciel sur notre pays.

CONCLUSION.

Conséquences de la guerre d'Orient par rapport à l'islamisme,
au protestantisme et au schisme grec.

'

Par la prise de Sébastopol, le but de la guerre
a été atteint, et les bienfaits d'une paix honorable
deviennent les heureux fruits de la victoire. Mais
outre les grands résultats que le triomphe de nos
armes assure au pays et à l'Europe, on ne peut
s'empêcher de voir et d'admirer la main de Dieu
dans ces grands évènements, qui ont fixé l'attention
du monde entier, et qui sont appelés à exercer
sur tous la plus décisive influence.

Nous laisserons parler encore ici le héros chrétien [1] dont nous avons déjà emprunté le noble
langage.

« Quels sont les avantages que le catholicisme
doit retirer de la guerre actuelle ? En Turquie,
elle doit amener, dans un temps donné, une trans-

[1] Le P. Gloriot.

formation complète dans l'ordre politique aussi
bien que dans l'ordre religieux. Le peuple turc est
un peuple honnête, religieux ; ce qui le distingue
surtout, c'est un bon sens et une rectitude de jugement qui frappent tout de suite, quand on se met
en rapport avec lui. Sa loi religieuse tend à l'im-
mobiliser, en lui persuadant qu'il n'y a rien de
comparable à ses institutions; aussi croit-il de
bonne foi que l'Alcoran est la loi la plus parfaite,
et il professe un souverain mépris pour les autres
peuples et toutes les autres religions. Il faut bien
le dire, les Grecs ont singulièrement contribué à
l'entretenir dans ces idées; car je ne sache pas qu'il
soit possible de trouver une nation plus dégradée ;
et les Turcs n'ont connu le christianisme que par
le schisme grec. Aujourd'hui, ils le voient à l'œuvre dans les grandes institutions qu'a fondées le
catholicisme ; ils reconnaissent dans notre administration politique et militaire une supériorité marquée ; ils commencent à passer du mépris à l'étonnement, et bientôt cet étonnement sera de l'admiration... Souvent, quand je parcours nos hôpitaux,
je rencontre des ouvriers turcs ou des personnages
de la même nation, qui viennent rendre visite à
nos officiers. Au moment où j'administre les sacre-

ments, ils s'arrêtent et me regardent d'un air qui exprime tout à la fois l'étonnement et le respect. L'armée française a su gagner toutes les sympathies, et ici encore se manifestent les vues de la Providence, car Français et catholique, dans leur langue, signifie la même chose.... Au reste, pour quiconque se donne la peine d'examiner avec attention les faits qui se passent ici, il est évident que depuis un an nous avons gagné beaucoup de terrain : les barrières qui nous séparaient tombent une à une ; le gouvernement turc se montre favorable à toutes nos demandes ; il nous cède ses plus beaux établissements, permet à notre administration, à notre police, de remplir les nombreuses lacunes de son organisation, et tout me fait croire que dans quelques années la nation française exercera une influence décisive sur le sort du pays.

» Le protestantisme, à son tour, subit ici de bien humiliants échecs. Vous avez entendu parler de ses efforts pour opposer au dévouement de nos sœurs une contrefaçon par l'institution de religieuses puséystes, destinées à desservir les hôpitaux. Cette tentative n'a servi qu'à démontrer une fois de plus qu'en dehors du catholicisme il ne peut y avoir de dévouement vrai, d'organisation chari-

table. Ces damès sont arrivées ici avec un nombreux cortège de servantes qu'elles appellent des
nourrices, et qui sont seules chargées du soin des
malades. Comme on devait s'y attendre, d'énormes
scandales ont eut lieu. Les directrices, à leur tour,
ont fini par ne plus s'entendre, et la confusion et
l'anarchie n'ont pas tardé à amener la dissolution
de l'association. A côté de tous ces désordres et de
tous ces scandales, les soldats anglais voient les
religieuses irlandaises qui leur ont été envoyées,
leur donner l'exemple de l'union, de l'abnégation,
d'un dévouement sans bornes. C'est là, croyez-le
bien, la meilleure de toutes les prédications; aussi
les conversions sont-elles nombreuses, mais on est
obligé de les cacher pour ne point trop exciter la
susceptibilité des ministres.

» Le peuple anglais est doué, lui aussi, d'un
bon sens exquis; il n'y a plus entre nous et lui cette
ancienne rivalité qui était un des obstacles à son
retour au catholicisme; les rapports entre les deux
nations sont excellents. L'Anglais ne conteste pas
au Français une véritable supériorité dans l'art de
la guerre et dans l'organisation militaire. Dans la
nuit du 22 au 23, nous avons sauvé une seconde
fois son honneur en repoussant de ses parallèles

les Russes qui étaient parvenus à les occuper en
partie. Pendant l'hiver, au milieu de ses cruelles
souffrances, nos soldats sont venus à son secours
avec cette générosité et cette cordialité qui caractérisent les Français. Les Anglais n'en perdront jamais le souvenir : dernièrement, pendant l'incendie
qui a dévoré notre hôpital, les soldats anglais sont
accourus de toutes parts. J'en ai vu plusieurs qui
se sont exposés pour sauver nos malades; ils les
portaient entre leurs bras, sur leur dos, répétant
sans cesse qu'ils étaient heureux de rendre aux
Français une partie de ce qu'ils avaient fait pour
eux en tant de circonstances. »

Les Grecs et les Russes, de leur côté, ne peuvent manquer de ressentir les effets de cette guerre ;
et en même temps qu'ils auront une idée plus
haute encore des Français comme nation généreuse
et guerrière, ils auront subi l'influence et reconnu
l'ascendant de la religion catholique, qui a pu,
pendant cette mémorable expédition, faire res-
plendir aux yeux du monde, ses deux plus beaux
caractères : Dévouement et Charité.

C'est ainsi que la France peut, comme dès le
berceau de la monarchie, s'appeler le Bras du Tout-
Puissant, et qu'il lui est permis de répéter, avec

un légitime et saint orgueil, ces paroles célèbres,
devenues vulgaires à force d'être vraies : *Gesta*
Dei per Francos.

TABLE DES MATIÈRES

—•vvvwwv•—

Lille. Typ. L. Lefort. 1856.

L. LEFORT,   AD. LECLÈRE,

Imprimeur - Éditeur à Lille. Libraire, rue Cassette 29, à Paris.

ET CHEZ TOUS LES PRINCIPAUX LIBRAIRES.

OEUVRES COMPLÈTES

DU CARDINAL

P. GIRAUD

ARCHEVÊQUE DE CAMBRAI

précédées de sa Vie par M. l'abbé CAPELLE, missionnaire apostolique,

QUATRIÈME ÉDITION.

4 BEAUX VOLUMES P. IN-12, FORMAT CHARPENTIER : 14 FR.

portrait et *fac-simile*.

A toutes les époques, la divine Providence a suscité, selon l'imminence et les besoins des temps, des hommes couronnés des dons du génie, habiles à parler la langue de leur siècle, à s'adapter aux mouvements des intelligences, et à dominer les esprits par le triple ascendant de la science, du talent et de la vertu.

Tel fut le cardinal Pierre Giraud. Sa mémoire et la réputation de ses écrits, comme il arrive à tous les hommes d'un mérite véritablement supérieur, grandissent à mesure que s'éloignent les jours de son passage sur la terre.

Mettre en vente une nouvelle édition des Œuvres

complètes de cet illustre Prélat dans des conditions qui en rendent l'acquisition plus facile, c'est donc répondre à l'attente de tous les amis de la religion et de la belle littérature; c'est aussi venir en aide à cette action puissante qui pousse si visiblement nos générations vers un avenir réparateur.

Toutes les questions dont les faits de chaque jour démontrent l'actualité et l'à-propos ont été pressenties par le cardinal Giraud, mises en relief par sa plume si éloquente, et développées avec une lucidité de style et une fermeté de raison qui parlent en même temps à l'esprit et au cœur.

Ayant arrêté un œil observateur sur les principaux obstacles qui, dans la société du 19e siècle, s'opposent au triomphe de la vérité, et sur les moyens que suscite la divine Providence pour rétablir son règne dans les âmes, il a compris et mis en lumière les conséquences que la raison de l'homme et la foi du chrétien doivent tirer de la marche des esprits, de l'activité des découvertes modernes et de la course précipitée qui entraînerait le siècle vers les abîmes, si un céleste flambeau n'éclairait la voie, si une main divine ne réglait le mouvement.

C'est ainsi que dans son beau discours sur l'inauguration du chemin de fer du Nord, l'éloquent Prélat s'écrie :

« Sans doute l'action de la vapeur, appliquée à nos chars et à nos navires, transportera et plus vite et plus loin le mal comme le bien, le mensonge comme la vérité. Sans doute, comme les découvertes de l'imprimerie et du Nouveau-Monde, elle élargira le champ de bataille où luttent éternellement le rationalisme et la foi; mais la victoire n'est pas douteuse : car Dieu même y a engagé sa parole, et *la vérité de Dieu demeure à jamais*. La lumière arrive à nos yeux par les mêmes milieux que traversent les tonnerres et les orages. En accélérant la marche de ce qu'on appelle les idées nouvelles, on prête aussi des ailes à l'Evangile. La course de l'apôtre ne sera pas moins rapide que celle du libre penseur, et il se trouvera peut-être enfin que ces puissantes machines, où le savant ne voyait qu'une heureuse découverte du génie, l'économiste qu'une source nouvelle de prospérités matérielles pour la fortune publique, et le philosophe qui a le malheur de n'être pas chrétien, la perspective du triomphe prochain de la raison pure sur les ruines des vieilles croyances, auront été un instrument dans les mains de Dieu pour étendre le royaume de Jésus-Christ et unir tous les peuples dans une fraternité universelle, par la communion d'une même foi et d'une même charité....

» Et maintenant, partez, messagers agiles! allez, sous la protection de Dieu, et sous l'œil de sa providence, transporter aux quatre vents du ciel les hommes, les marchandises, les idées. Faites refluer les trésors de la pensée et les richesses du sol, des provinces à la capitale et de la capitale aux provinces, en glissant sur ces voies rapides, pareilles aux veines et aux artères qui font courir la vie des extrémités au cœur et du cœur aux dernières fibres de l'organisme. Qu'aucun obstacle n'arrête votre essor, qu'aucun accident funeste n'attriste votre passage! N'empruntez à la foudre que recèlent les flancs de vos chaudières que l'impétuosité de ses ailes de feu; franchissez les montagnes, les vallées et les fleuves; étendez vos rameaux de l'une à l'autre mer; ne reculez pas même devant le grand abîme; en changeant vos appareils, ouvrez-vous un chemin sur l'Océan pour unir les continents, pour rapprocher, par les intérêts, par les besoins, par l'amour fraternel, par tous les attraits de la civilisation chrétienne, les membres dispersés de la grande famille humaine, et annoncer à tous la bonne nouvelle qui fut entendue, il y a dix-huit siècles, sur le berceau du Sauveur du monde : *Gloire à Dieu au plus haut des cieux, et paix sur la terre aux hommes de bonnes volonté !* »

On peut juger par cette seule citation de la hauteur des vues, de la noblesse du style, de l'élévation de la pensée de cet autre Fénelon.

Sous sa plume, tout prend vie, tout se rehausse; les questions en apparence les plus vulgaires se revêtent d'une riche parure et se présentent au lecteur ravi sous des aspects nouveaux et inattendus.

Ainsi sont traités les sujets d'où ressortent les conséquences les plus pratiques : les salles d'asile, les bibliothèques
paroissiales, les écoles, les confréries, les associations de
charité, les églises, les presbytères, le catéchisme, la
première communion, les cloches, les cimetières, les mau-
vais livres, la fréquentation des cabarets ; puis se déroulent
les magnifiques instructions sur le mariage chrétien, sur
la loi du repos, sur la loi du travail, l'éducation domes-
tique, la prière en commun dans les familles, et sur tant
d'autres matières qui excitent à juste titre les plus vives
préoccupations de notre époque.

Heureux celui dont l'œil s'attachera sur ces pages écrites
avec l'autorité d'un prince de l'Eglise, avec le cœur d'un
père, avec le charme d'un maître de l'éloquence ! Heureux
celui qui viendra s'abreuver à ces sources pures, d'où la
vérité découle limpide et sans mélange !   D. T.

—∝ Lille Typ. L. Lefort. 1856. ≫—

www.ingramcontent.com/pod-product-compliance
Lightning Source LLC
Chambersburg PA
CBHW072111090426
42739CB00012B/2930